Bassleer
Fischkrankheiten im Meerwasseraquarium

Gerald Bassleer

Fischkrankheiten im Meerwasseraquarium

Entstehung, Erkennen, Behandlung

Natur Verlag

Das Titelbild zeigt *Genicanthus melanospilus* von dem Parasiten *Lernaeascus sp.* befallen (l. o.), Porträt eines Papageifisches (r. o.), *Lernaeascus sp.* in mikroskopischer Aufnahme (l. u.) und zwei Falterfische (r. u.).

Die Übersetzung des holländischen Manuskripts besorgte Helga van Beuningen

CIP-Titelaufnahme der Deutschen Bibliothek

Bassleer, Gerald:
Fischkrankheiten im Meerwasseraquarium : Entstehung,
Erkennen, Behandlung / Gerald Bassleer. – Augsburg : Natur-
Verl., 1991
    ISBN 3-89440-013-7
NE: HST

Natur Verlag
© 1991 Weltbild Verlag GmbH, Augsburg
Alle Rechte vorbehalten
Umschlaggestaltung: Peter Engel, Grünwald
Umschlagphotos: Christian Mietz (Photo r. o. und r. u.)
Gerald Bassleer (Photo l. o. und l. u.)
Zeichnungen: Almke Sickert, Nürnberg
Satz: 9/10 P. Times von Cicero-Lasersatz GmbH & Co, Augsburg
Gesamtherstellung: Appl, Wemding
Printed in Germany
ISBN 3-89440-013-7

Inhalt

Vorwort

Als Fischpathobiologe und Leiter eines Großhandelsbetriebs, der mit tropischen Süßwasser- und Meeresfischen handelt, sehe ich im Jahr mehr als eine Million Fische. Das bedeutet, daß wir wie jeder, der mit lebenden Tieren handelt, bei unseren tropischen Fischen mit „Qualitätsproblemen" konfrontiert werden.

Fische, die gefangen, verpackt und auf engstem Raum zusammengedrängt transportiert werden, zeigen in erhöhtem Maße Streß-, Schwäche- und Entkräftungserscheinungen und damit eine erhöhte Anfälligkeit für Krankheiten. Es ist mir ein großes Anliegen, meine Erfahrung und mein Wissen so einzubringen, daß das Wort Qualitätskontrolle in dem Betrieb, in dem ich arbeite, kein leerer Begriff ist. Darüber hinaus sollen den Einzelhändlern mit diesem Buch die nötigen praktischen Kenntnisse für den Ankauf von Fischen vermittelt werden.

Zustandegekommen ist dieses Buch durch die Erfahrungen, die ich beim Import und Weiterverkauf tropischer Fische sowie durch Weiterbildung und Kontakte mit Fischfreunden, Züchtern und Händlern erworben habe.

Mit dem Bildmaterial und dem Begleittext hoffe ich jedem Freund von Meeresfischen die Möglichkeit zu geben, sein Hobby noch besser und erfolgreicher zu betreiben. Viel Glück!

Gerald Bassleer
Montfoort, Holland 1990

Dankwort

An erster Stelle möchte ich meiner Frau Ankie für ihre moralische
Unterstützung während meiner langen Arbeitszeit und meiner vielen Überstunden danken, sowie für ihre Mithilfe bei der Verbesse-
rung und Bearbeitung dieses Textes.
Mein besonderer Dank gilt außerdem William Selby, dem Besitzer
von O'Hare Tropical Imports Inc., Franklin Park, Illinois, USA, für
sein Verständnis und seine finanzielle Unterstützung bei der wissenschaftlichen Erforschung von Krankheiten bei tropischen Meeresfischen in den Jahren 1981–1985.
Roger Klocek, Kurator des J. G. Shedd Aquariums (Chicago),
möchte ich für seine kritischen Anmerkungen und interessanten
Ratschläge danken.
Mein Dank gilt ferner all den Aquarienfreunden, Händlern oder
persönlichen Freunden, die zum Zustandekommen dieses Buches
beigetragen haben.

Einführung

Die meisten Meeresfische, nämlich 99,99 %, kommen aus einem stabilen Milieu, dem Ozean, der mit seiner sehr hohen Konzentration an gelöstem Sauerstoff, seinem konstanten Säuregrad und dem niedrigen CO_2-Gehalt bei gleichzeitigem Fehlen von Ammoniak oder Nitrit ideale Lebensbedingungen bietet.

Wird der Fisch in ein geschlossenes System wie z. B. ein Aquarium gebracht, so bedeutet das für ihn eine Veränderung der Wasserbeschaffenheit, der Ernährung, der Licht- und Temperaturverhältnisse, die jetzt vom Besitzer des Aquariums kontrolliert werden. Da die meisten Aquarien mit Abfallprodukten überlastet sind und einen zu niedrigen Sauerstoff- oder einen zu hohen CO_2-Gehalt aufweisen, ist es von größter Bedeutung, diese kritischen Faktoren zu erkennen und in den Griff zu bekommen. Ohne entsprechende Anstrengungen sowie Interesse und den nötigen Einsatz ist dies allerdings nicht möglich. Wenn ein Fischfreund sich zu wenig um sein Seewasseraquarium kümmert, hat es wenig Sinn, erkrankte Fische medikamentös zu behandeln: Die schlechte Wasserqualität macht jede Heilwirkung zunichte. Fische, die in „giftigem" Wasser leben, sind anfällig für bakterielle oder bestimmte parasitäre Infektionen, die allerdings eher Sekundärinfektionen sind. In diesem Fall muß erst die Wasserbeschaffenheit verbessert werden, da dies die primäre Krankheitsursache ist. Andererseits bedeutet das nicht, daß Meeresfische sich in gesundem Milieu keine Infektionen zuziehen könnten, wenn die Infektionsgefahr hier auch deutlich geringer ist. Zusammenfassend ist zu sagen, daß die Einrichtung eines gut ausbalancierten Meerwasseraquariums mit gesunden Fischen keine einfache Sache ist. Die Haltung eines Meerwasseraquariums erfordert entschieden mehr Wissen und Erfahrung als die eines Süßwasseraquariums.

Das vorliegende Buch will einen Beitrag zur Meerwasseraquaristik leisten, vor allem im Hinblick auf die Untersuchung der Wasserqualität sowie die richtige Diagnose und entsprechende Behandlung erkrankter Fische. Das umfangreiche farbige Bildmaterial und die mikroskopischen Aufnahmen sollen es dem Aquarienfreund erleichtern, seine kranken Fische wirksamer zu behandeln. Mit diesem Buch hoffe ich eine Lücke im Bücherangebot zum Thema Krankheiten von Meeresfischen schließen zu können.

Krankheiten bei Meeresfischen: Welche Faktoren spielen eine Rolle?

Äußere, für den Fisch negative Faktoren, wie z.B. ein zu hoher oder zu niedriger pH-Wert und/oder eine zu hohe oder niedrige Dichte, ein zu hoher Ammoniak- oder Nitritgehalt, verursachen *Streß* und können so den Abwehrmechanismus des Fisches, d.h. die Fähigkeit zur Krankheitsbekämpfung schwächen. Bei schlechter Wasserbeschaffenheit ist der Meeresfisch daher anfälliger für Infektionen. Da das *Wasser* und die *Filterung* zwei eminent wichtige Faktoren sind, soll ihnen besondere Aufmerksamkeit gewidmet werden.

1. Das Seewasser

Die einfachste Art und Weise, Seewasser herzustellen, ist die Beschaffung von synthetischem Seesalz. Auf dem Markt sind gute Seesalzmischungen erhältlich, wenngleich manche Aquarianer es vorziehen, sich ihr Seesalz selber zusammenzustellen.

Abb. 1

Durch schlechte Wasserqualität, wie z.B. zuviel Ammoniak oder einen zu niedrigen pH-Wert, können Fische sogar schwer geschädigt werden wie dieser Schmetterlingsfisch *(Chaetodon unimaculatus)* mit seinen roten Hautflecken.

Meerwasser enthält 96,4 % Wasser und 3,5 % NaCl, MgCl, MgSO$_4$, CaSO$_4$, CaCO$_3$, PHSO$_4$, PBr, NaBr u.a. Ferner enthält es organische Moleküle in gelöster Form, die sehr wichtig sind – Vitamine, Aminosäuren, Proteine etc., sowie lebenswichtige Spurenelemente. Die Vitamine und Spurenelemente sind im Handel erhältlich und müssen dem Seewasseraquarium regelmäßig zugesetzt werden.

Bevor man das Salz ins Aquarium gibt, sollte man es erst in einem besonderen Behälter auflösen. Die *Dichte* oder der *Salzgehalt* sollte etwa zwischen 1,018 und 1,025 g/ml liegen. Dabei ist jedoch darauf zu achten, das Chlor möglichst vollständig zu entfernen, vor allem dann, wenn das Leitungswasser einen zu hohen Chlorgehalt (1 bis 3 ppm) aufweist. Zur Messung des Chlorgehalts hält der Markt genügend Testmaterial (vor allem für Schwimmbecken) bereit. Wenn man das Wasser 24 Stunden stehenläßt bei gleichzeitiger Durchlüftung und Erwärmung, dann entweicht das überschüssige Chlor. Man kann aber auch Natriumthiosulfat zufügen und das Chlor so chemisch beseitigen. Dieser Stoff ist in den sog. „Entchlorungsmitteln" enthalten. Zur vollständigen Beseitigung des Chlors ist etwa 1 g Natriumthiosulfat auf 10 l Wasser nötig.

Manchmal ist das Leitungswasser auch mit Ammoniak versetzt, das zusammen mit dem Chlor Chloramin bildet. Um das Chlor aus der chemischen Verbindung zu entfernen, muß man daher, bevor man das Salz im Wasser auflöst, die doppelte Menge Natriumthiosulfat zufügen. Bei einer Chloramin-Konzentration von 2 bis 3 ppm ist das unbedingt erforderlich. Mit einem Aktivkohlefilter beseitigt man anschließend das restliche Chlor. Ammoniak läßt sich mit Hilfe eines Ammoniak-Absorbers (Zeolit o. a.) beseitigen. Eine andere, wenngleich aufwendigere Methode, Chloramin aus einer solchen Verbindung zu entfernen, besteht darin, Bleichwasser (1 ml pro 4 l) hinzuzugeben und das Chlor mit Natriumthiosulfat herauszuziehen. Da diese Methode jedoch nicht ganz einfach ist, raten wir eher zu ersterer.

2. Die Filterung

Neben der biologischen Filterung ist im Seewasseraquarium auch eine mechanische und chemische Filterung erforderlich. Bei einem zentralen Filtersystem wird eine Entkeimung durch UV-Bestrahlung empfohlen.

Herausgefiltert werden müssen vor allem Stoffe wie Futterreste und gelöste Abfallprodukte wie Ammoniak, Nitrit, Nitrat, Proteine, Aminosäuren, Phenole etc.

Die mechanische Filterung dient dem Zweck, die großen (nicht löslichen) Partikel aus dem Wasser zu entfernen. Dafür lassen sich verschiedene Arten von Filtermaterial verwenden, so etwa Filterwatte, feiner und/oder grober Sand etc. In der Aquaristik wird meist ein Außenfilter empfohlen.

Die Funktionstüchtigkeit des mechanischen Filters hängt erstens davon ab, wie schnell das Wasser durch den Filter fließt, zweitens wie groß der Filter ist und drittens davon, wie groß die einzelnen Teile des Filtermaterials sind.

Ein biologischer Filter wirkt im Prinzip wie ein mechanischer und umgekehrt wirkt der mechanische (Außen-)Filter je nach Kapazität auch wie ein kleiner biologischer. Da der mechanische Filter meist für eine gute Wasserzirkulation sorgt, spielt er auch bei der Schaffung einer ausreichenden Konzentration an gelöstem Sauerstoff eine Rolle.

Die chemische Filterung dient dazu, die gelösten Stoffe aus dem Wasser zu entfernen. Es gibt folgende Methoden bzw. Hilfsmittel: Aktivkohlefilterung, Eiweißabschäumer, Ionentauscher oder Oxidation durch Ozonisierung.

– Die *Aktivkohlefilterung* ist in Kombination mit einem mechanischen Filtersystem eine gute und vielfach verwendete Methode, vor allem in Außenfiltern. Sie wirkt allerdings nicht bei der Beseitigung von Ammoniak, Nitrit oder Nitrat. Ein weiterer Nachteil besteht darin, daß sie dem Wasser auch Spurenelemente entzieht, die lebensnotwendig für Fische und insbesondere für Invertebraten sind. Deshalb ist es erforderlich, die Aktivkohle regelmäßig zu wechseln oder zusätzlich Spurenelemente zuzusetzen. Die Aktivkohle muß auch ausgetauscht werden, wenn Medikamente über das Wasser verabreicht werden.

– Das Wirkungsprinzip des *Eiweißabschäumers* besteht darin, Luft mit den (im Wasser befindlichen) Eiweißresten in Verbindung zu bringen, so daß diese sich als Schicht an der Oberfläche absetzen und dort entfernt werden können. Dazu läßt man die Luft im Wasser durch das Rohrsystem sprudeln. Die Eiweißmoleküle bleiben an der Oberfläche der Luftblasen haften und umschließen sie so mit einer dünnen Hülle. An der Wasseroberfläche zerplatzt die Luftblase, und die Eiweißhülle verwandelt sich in Schaum. Neben den Eiweißen werden auch Detergenzien, Aminosäuren, Fettsäuren, Farbstoffe etc. aus dem Aquarienwasser entfernt. Leider können auf diese Weise auch wichtige Vitamine und Spurenelemente beseitigt werden.

– *Ionenaustausch* ist eine Methode, die in erster Linie dazu verwendet wird, das Wasser weicher zu machen. Für Seewasseraquarien ist sie also uninteressant.

– Die *Ozonisierung* ist eine Methode, Ozon (O_3) durch das Wasser zu blasen, wodurch organische Stoffe, Bakterien und Parasiten oxidiert (verbrannt) werden. Es ist jedoch eine sehr heikle und dadurch gefährliche Methode, bei der es sogar zu einer Rückwandlung von Nitrat in Ammoniak und damit zu Vergiftungen kommen kann. Bei einer zu hohen Ozonbeigabe können die Kiemen „verbrennen". Für den durchschnittlichen Hobby-Aquarianer empfiehlt sich dieses Filtersystem daher nicht.

– *Die UV-Sterilisierung* wird meist in geschlossenen Filtersystemen angewandt, bei denen verschiedene Aquarien an ein und denselben

Filter oder dieselbe Wasserzirkulation angeschlossen sind. Dabei fließt das Wasser durch Röhren mit UV-Lampen. Alle Bakterien und einzelligen Parasiten, die sich im Umkreis von 2 cm rund um die Lampe befinden, werden abgetötet. Diese Lampe erfüllt jedoch nur dann ihren Zweck, wenn sie eine Leistung von mindestens 25 000 µWs/cm^2 erbringt.

Diese Methode ist geeignet, die Verbreitung von Krankheiten von einem ins andere Aquarium zu verhindern, und empfiehlt sich daher in geschlossenen Systemen. Während der Behandlung mit Medikamenten muß die UV-Lampe ausgeschaltet werden, da sich die chemische Zusammensetzung des verabreichten Präparats verändern kann. Allerdings ist darüber bislang nur wenig bekannt. Einige Experten erwähnen die mögliche Gefahr bei einer Behandlung mit Kupfersulfat, obwohl wir damit bisher noch keine unliebsamen Erfahrungen gemacht haben. Bei manchen Krankheiten kann es sogar besser sein, die UV-Sterilisierung fortzusetzen, um eine eventuelle Verbreitung von Bakterien, Viren, Pilzen oder einzelligen Parasiten (wie z. B. *Cryptocaryon, Oodinium* u. a.) im juvenilen Stadium auszuschließen oder zumindest einzudämmen. Nach einjähriger Betriebsdauer sollte die Lampe daraufhin kontrolliert werden, ob sie noch voll wirksam ist.

– *Die biologische Filterung* ist bei Seewasseraquarien von eminent hoher Bedeutung. Dabei werden toxische Abfallprodukte (v. a. Ammoniak) durch lebende Organismen wie z. B. die Nitrifikationsbakterien *Nitrosomonas* und *Nitrobacter sp.* in weniger bzw. toxische Stoffe umgesetzt.

Futterreste, tote Fische oder Invertebraten etc. werden durch aerobe Bakterien zersetzt, wobei Eiweiße in *Ammoniak* umgewandelt werden. Die größten Ammoniakmengen fallen durch die Ausscheidungsprodukte der Fische (über Kiemen und After) sowie der niederen Tiere an. Dieses toxische Ammoniak kommt in gelöster Form in großen Mengen in Aquarien mit hohem Säuregrad, also z. B. in Seewasseraquarien vor (pH: 7,9 bis 8,4). Je höher der pH-Wert des Wassers ist, d. h. je alkalischer und OH$^-$-reicher, desto mehr toxisches Ammoniak (NH$_3$) ist vorhanden. Je niedriger der pH-Wert, d. h. je saurer und je mehr H$^+$, umso weniger toxisches Ammoniak (NH$_3$) und umso mehr nicht-toxisches Ammonium (NH$^+$4) ist vorhanden. Daher ist die Ammoniakvergiftung in Seewasseraquarien mit ihrem hohen pH-Wert so kritisch. Bereits ab 0,15 mg Ammoniak/Liter können Probleme bei Meeresfischen und niederen Tieren auftreten. Es sind die *Nitrosomonas*-Bakterien, die das Ammoniak „konsumieren" und in *Nitrit* (NO$_2$) umwandeln, das bereits ab einer Konzentration von 0,1 mg/l für Meeresfische toxisch sein kann. Ihrerseits „konsumieren" die *Nitrobacter*-Bakterien das Nitrit und wandeln es zu *Nitrat* (NO$_3$), dem Endprodukt der biologischen Filterung, um. Dieses Nitrat wird auf dreierlei Weise aus dem Seewasser entfernt: durch Absorption durch Algen, durch Wasserwechsel und anaerobe Filterung. Geschähe dies nicht, so ergäbe sich nach einer gewissen Zeit eine derart hohe Nitrat-Konzentration, daß alle Lebewesen im

Auqarium bedroht wären. Fische oder Invertebraten können bereits ab einer Konzentration von 50 bis 100 mg/l geschädigt werden.

Wie wird die biologische Filterung in Gang gesetzt?

Entweder legt man einen Bodenfilter im Aquarium an oder man installiert einen Außenfilter, der als biologischer Filter fungiert. Hauptsache ist, daß mit dem Filtersubstrat eine möglichst große Oberfläche geschaffen wird, damit möglichst viele Bakterien sich darauf ansiedeln können. In einem Aquarium findet durch die vorhandenen *Nitrosomonas*- und *Nitrobacter*-Bakterien auf dem Boden, den Steinen, Wänden etc. auch ohne Filter zu einem geringen Grad eine biologische Filterung statt.

Je größer die Zahl der Nitrifikationsbakterien ist, desto mehr Abfallprodukte (Ammoniak und Nitrit) können verarbeitet werden. Das Filtersubstrat kann entweder aus Korallensand bestehen oder – im Falle eines Außenfilters – auf die Weise wirksam werden, daß das Wasser über Platten, Gitter, Keramik- oder Kunststoffkügelchen oder Röhrchen gefiltert wird. Allerdings ist darauf zu achten, daß die Korallensandschicht, die den Bodenfilter bedeckt, nicht zu dick ist, d.h. höchstens 5 cm, denn die aeroben und nitrifizierenden Bakterien nisten sich nur in den oberen 2 bis 3 cm ein. Ist die Korallensandschicht zu dick, so besteht die Gefahr, ein anaerobes Milieu im Filterbett zu schaffen, erkennbar als schwarze Flecken, aus denen regelmäßig toxische Gase entweichen, die von den anaeroben Bakterien produziert werden. Ferner ist darauf zu achten, daß das Wasser schnell genug durch den biologischen Filter fließt und damit eine optimale Filterung gewährleistet ist.

Bei der Installation eines biologischen Filters spielt der Zeitfaktor eine wichtige Rolle. Meist dauert es mehrere Wochen, genauer gesagt drei bis acht, bis alle Bakterien in genügender Menge vorhanden sind. Geht man überstürzt vor und will sein Aquarium von einem Tag auf den anderen besetzen, so läuft man Gefahr, daß in absehbarer Zeit alles durch den Mangel an Nitrifikationsbakterien oder durch eine Überbelastung mit Abfallprodukten abstirbt, die nicht rechtzeitig zersetzt werden können. Daher sollte man beim Start einer biologischen Filterung in einem Seewasseraquarium nach etwa einem Tag einige robuste Fische oder niedere Tiere ins Aquarium setzen. Verschiedene Demoiselle-Arten (z.B. *Abudefduf sp.*) und Einsiedlerkrebse oder Anemonen (z.B. *Condylactus sp.*) eignen sich sehr gut, um die Filterung in Gang zu setzen. Sie produzieren nämlich die ersten Ammoniak-Mengen, von denen sich die ersten *Nitrosomonas*-Bakterien ernähren können. Nach einiger Zeit scheiden die *Nitrosomonas*-Bakterien ihrerseits Nitrit aus, von denen die *Nitrobacter*-Bakterien sich ernähren und entwickeln. Dieser Nitrifikationszyklus läßt sich beschleunigen, wenn man eine Kultur (Kolonie) von Nitrobakterien ins Aquarienwasser einsetzt, z.B.

indem man eine Handvoll Filtersubstrat eines bereits gut funktionierenden Seewasseraquariums ins neue Aquarium gibt. Inzwischen kann man Fläschchen mit Nitrobakterien schon käuflich erwerben. Im Verlauf einer bestimmten Zeitspanne (3 bis 8 Wochen) weist das Aquarienwasser zwei Spitzen auf, und zwar bei Ammoniak und bei Nitrit (siehe Abb.). Diese Zeitspanne kann aber auch kürzer sein als in dieser Darstellung. Manche Nitrifikationszyklen umfassen 14 bis 21 Tage, je nach Aquarium.

Der Nitrifikationsprozeß

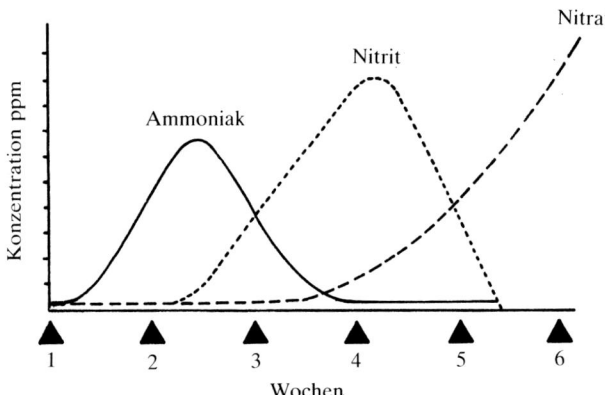

Während dieser Anlaufphase darf nicht versäumt werden, die *Wasserqualität* auf Ammoniak, Nitrit und Nitrat hin zu *untersuchen,* um zu sehen, ob alles wunschgemäß verläuft, und um zu wissen, wann weitere Fische oder niedere Tiere ins Aquarium gesetzt werden können. Es sind bereits zahlreiche Testsets auf dem Markt, mit denen sich die nötigen Wasseruntersuchungen durchführen lassen (Merck, Hach, LaMotte etc.).

Während dieser Anlaufphase muß jede Woche ein Fünftel des Wassers ausgetauscht und gleichzeitig durch kräftige Wasserzirkulation mit Hilfe eines guten Außenfilters und einer Sauerstoffpumpe ausreichend Sauerstoff eingebracht werden. Durch die Beseitigung überschüssigen Ammoniaks und Nitrits und die Anreicherung mit Sauerstoff durch die Wassererneuerung erhalten die Bakterien die Möglichkeit, sich in ausreichender Anzahl zu vermehren.

Wenn nach einigen Wochen die Nitritkonzentration abnimmt, wird es Zeit, mehr Leben ins Aquarium zu bringen. Dabei ist aber darauf zu achten, jeweils nur wenige Fische oder niedere Tiere, auf einen Zeitraum von mehreren Tagen oder Wochen verteilt, einzusetzen. Die Bakterienproduktion muß nämlich die nötige Zeit erhalten, sich schrittweise an die nun anfallenden größeren Ammoniakmengen anzupassen. Würde man zu schnell eine zu große Zahl an Meeresfischen oder niederen Tieren einsetzen, so könnte eine Ammoniakvergiftung eintreten, die alles Leben im Aquarium, inklusive der Bakterien, töten könnte.

16

Eine andere Methode, die biologische Filterung in Gang zu setzen, ist die *chemische*. Hierbei wird dem Wasser Ammoniumchlorid (NH_4Cl) zugesetzt, um die Bakterien zu nähren und zur Vermehrung anzuregen. Anschließend muß man allerdings mit Hilfe von Natriumthiosulfat das Chlor aus dem Wasser entfernen.

Ich selbst bevorzuge die natürliche Methode und beginne mit einigen wenigen Fischen und/oder niederen Tieren. Notfalls kann man zusätzlich Bakterien einbringen. Allerdings laufen wir damit Gefahr, während der Ammoniak- und/oder Nitrit-Spitze einige Aquarienbewohner zu verlieren. Ist dieser Zyklus abgeschlossen und haben wir die nötige Geduld aufgebracht, dieses einzigartige biologische Geschehen in aller Ruhe vor sich gehen zu lassen, so haben wir damit unsere „Feuerprobe" als Seewasseraquarianer bestanden. Das Endprodukt der biologischen Filterung ist das von den *Nitrobacter*-Bakterien produzierte Nitrat. In den ersten Monaten werden sich allmählich Algen bilden und sich von dem sich langsam ansammelnden Nitrat ernähren. Als erstes entwickeln sich die sog. Braunalgen (Kieselalgen) auf Steinen, Wänden u. ä. und danach, sofern genügend Licht vorhanden ist, die Grünalgen. Jeden Monat müssen 10 bis 25 % des Wassers ausgetauscht werden, damit sich die anfallende Nitratmenge in Grenzen hält (nicht mehr als 50 bis 75 mg/l).

Bei Aquarien von mehr als 300 l Inhalt reicht ein Bodenfilter manchmal nicht aus, und man muß einen zweiten biologischen Filter außerhalb des Aquariums installieren, damit die anfallenden Abfallprodukte beseitigt werden. Das gleiche gilt auch für die Algen im Aquarium. Manchmal kommt man nicht umhin, einen Algenfilter außerhalb des Aquariums anzubringen. Das bedeutet auch, daß man bei einem sehr großen Fischbestand darauf achten muß, die Kapazität des biologischen Filters nicht über Gebühr zu strapazieren. Ist der Fischbestand zu groß, so werden zu viele Abfallstoffe produziert, mit denen die Bakterien nicht mehr fertig werden. Dadurch kann der Sauerstoffgehalt letztlich zu stark absinken, die Toxizität des Aquariums kann zunehmen und die Bakterien werden „vergiftet".

Die *Kapazität des Aquariums* hängt von der Qualität des Filtersubstrats, den Algen, dem Licht, der mechanischen und chemischen Filterung u. ä. ab. Daher läßt sich kaum sagen, wieviele Fische in einem bestimmten Aquarium gesund leben können. Als Durchschnittswert würde ich angeben: Ein Fisch von 8 bis 10 cm auf 30 l Seewasser, obwohl das von System zu System und von Fisch zu Fisch erheblich variieren kann.

Werden diese Faktoren nicht beachtet, so läuft man Gefahr, weniger oder gar keine Grünalgen zu bekommen und stattdessen einen zu niedrigen pH-Wert (7,8 oder darunter), gelblich gefärbtes Wasser, eine zu hohe Nitratbelastung (mit geringen Mengen Ammonium und Nitrit); die Fische legen bei solchen Bedingungen ein anormales Verhalten an den Tag und ziehen sich in der Folge die eine oder andere Krankheit zu.

3. Probleme und erste Anzeichen von Problemen

- Durch Überbesetzung, Überfütterung, schlechte Filterung etc. können sich zuviel *giftige Produkte* ansammeln, Produkte die u. a. von Bakterien abgegeben und bei der Zersetzung überschüssiger Abfallprodukte freigesetzt werden.
- *Schwarze Flecke* im Bodenfilter deuten auf ein anaerobes Milieu mit Schwefelbakterien hin, die nach faulen Eiern riechende Gase (N_2) freisetzen. Das läßt sich vermeiden, wenn der Bodengrund auf dem Bodenfilter nicht höher als 5 cm ist und wenn gleichzeitig eine gute Filterung, eine gute Durchströmung des Filtersubstrats und eine ausreichende Sauerstoffversorgung gewährleistet ist.
- Das Aquarienwasser *färbt sich gelb,* wenn sich bei der bakteriellen Zersetzung der Abfallprodukte Phenole bilden, die zu einem gelblichen Farbstoff oxidieren. Zu dieser Gelbfärbung können auch Eiweißkolloide beitragen, die bei einer Überbelastung mit Abfallprodukten in größeren Mengen auftreten.
- Manchmal kommt es zu einer *Weißtrübung* als Folge einer zu hohen Bakterienkonzentration, wie sie bei einem erhöhten Anfall von organischen Abfallprodukten oder einer schlechten mechanischen Filterung auftritt.
- Das Seewasseraquarium kann einen *unangenehmen Geruch* verbreiten, der stark an Zwiebeln erinnert und durch Amine (durch bakterielle Zersetzung freigesetzt aus Aminosäuren) verursacht wird. Diese entstehen durch eine Überbesetzung des Aquariums oder die Vernichtung der Nitrifikationsbakterien beispielsweise durch die Verabreichung antibakterieller Medikamente oder eine Vergiftung im Aquarium.
- Durch einen Mangel an Sauerstoff können die Fische nicht nur „ersticken", sondern es können auch *Fäulnisprozesse* eintreten, die mit üblen Gerüchen als Folge von Indolen und Skatolen einhergehen.
- Anfangs wird der Korallensand durch Freisetzung von Ca und Mg für eine ausreichende Pufferung sorgen, doch nach einigen Monaten wird diese Wirkung nachlassen. Falls der *pH-Wert* auch nach einem Austausch des Wassers oder des Korallensands *immer noch zu niedrig* ist, läßt sich auf chemischem Wege Abhilfe schaffen, indem man dem Wasser 1 Teil Natriumkarbonat und 6 Teile Natriumbikarbonat zusetzt, wodurch CO_2 zu $CaCO_3$ und PO_4 zu $CaPO_4$ und $MgPO_4$ gebunden werden.
  Etwa 10 g Natriumbikarbonat und 2 g Natriumkarbonat müßten ausreichen, um in 100 l Seewasser den pH-Wert von 7,8 auf 8,2 anzuheben.
- Was die *Algen* anbelangt, so erscheinen anfangs die sogenannten Braunalgen (Kieselalgen), die später von Grünalgen abgelöst werden müssen. Treten Rot- oder Blaualgen auf, so deutet das auf

18

ein schlechtes Milieu wie z.B. eine Überproduktion von Abfallstoffen, zuviel Ammoniak, zuwenig Licht etc. hin. Diese unerwünschten Algen müssen dann zusammen mit dem überschüssigen Abfall entfernt werden.

- In manchen verschmutzten, schlecht unterhaltenen Aquarien findet man zuweilen *kleine Copepoden* in großer Zahl auf dem Boden, den Korallen, den Glaswänden etc. Dabei handelt es sich nicht um Parasiten, sondern um Substratfresser, die sich gerne in Filtern aufhalten, in denen sich aller Schmutz (ihre Nahrung) sammelt. Sie machen alles noch schlimmer, als es bereits ist, und stören das biologische Gleichgewicht durch eine zusätzliche Verringerung von Sauerstoff bis hin zum Sauerstoffmangel. Diese Mitesser lassen sich nur durch gründliche Reinigung des Bodenfilters oder Abbau des ganzen Aquariums beseitigen. Medikamente wie Trichlorfon helfen nicht. Die kleinen krebsartigen Tierchen geraten mit niederen Tieren wie lebenden Steinen, Seesternen, Röhrenwürmern u.ä. ins Aquarium.*

4. Die wichtigsten Vorsorgemaßnahmen

Um all diese Probleme auszuschalten, muß sorgfältig darauf geachtet werden, das Aquarium – bei effektiver Filterung – weder zu übervölkern noch seine Bewohner zu überfüttern. Ferner ist daran zu denken, daß *Wasserwechsel* von höchster Bedeutung sind (siehe *Abb. 1*).

Ein Wechsel ist dann angezeigt, wenn das Endprodukt der biologischen Filterung, das Nitrat, sich in Mengen von 75 bis 100 mg/l und mehr angesammelt hat. Erforderlich wird er auch, wenn der Säuregrad (pH) durch einen Überschuß an CO_2, Nitrat, Phosphaten, Säuren, organischem Abfall u.ä. auf weniger als 7,8 absinkt.

Wichtig ist außer dem Wasserwechsel auch die Reinigung der obersten Schicht des Filters. Dadurch wird das Gleichgewicht der Nitrifikationsbakterien nicht gestört, jedoch der überschüssige Abfall entfernt, der sich mit der Zeit schädlich auf das ganze System auswirken könnte. Allerdings empfiehlt es sich nicht, den ganzen Filter auseinanderzunehmen oder eine umfassende Reinigung vorzunehmen, da man sonst mit dem biologischen Nitrifikationszyklus wieder von vorn anfangen muß.

Das *Licht* im Aquarium sollte so nah wie möglich an die Stärke des Tageslichts herankommen, damit sich ein optimales (Grün-)Algen-

---

* siehe hierzu auch de Graaf, F. (1969): Das tropische Meerwasseraquarium, Melsungen, Kap. 5.

wachstum einstellen kann. Daher kann sich eine täglich mehrstündige Sonneneinstrahlung sehr günstig auf das Aquarium auswirken, obwohl andererseits eine Algenüberproduktion auch nicht erwünscht ist.

Die *Temperatur* sollte zwischen 24 und 28 °C liegen. Der *Salzgehalt* oder die *Dichte* sollte zwischen 1,018 und 1,028 g/ml liegen. Invertebraten vertragen eine höhere Dichte (1,024 und darüber) weit besser als die meisten tropischen Meeresfische. Eine geringere Dichte kann zur Bekämpfung von Außenparasiten wie *Oodinium, Cryptocaryon* u. ä. beitragen.

Von höchster Bedeutung in Seewasseraquarien ist die Menge an *gelöstem Sauerstoff,* da Fische, niedere Tiere, Algen und vor allem Nitrifikationsbakterien ihn zum Leben brauchen. Eine maximale Menge an im Wasser gelöstem Sauerstoff erzielt man nicht mit einer Luftpumpe, die Luftblasen erzeugt, sondern durch andere Mittel, mit denen Luft in Kontakt mit dem Wasser gebracht wird: an erster Stelle durch Turbulenz oder Zirkulation des Wassers mit Hilfe einer Pumpe oder eines Filters (meist eines Außenfilters). Durch diesen sogenannten Wasserfalleffekt wird eine ideale Menge an gelöstem Sauerstoff ins Wasser gebracht, die bei etwa 6 bis 8 ppm liegen sollte.

Bei höherer Dichte und/oder Temperatur wird eine geringere Menge an Sauerstoff gelöst. Da die Sauerstoffkonzentration in einem tropischen Seewasseraquarium dann auf einen kritischen Tiefpunkt absinken kann, ist eine angemessene Wasserzirkulation von höchster Bedeutung. Durch ein Leck im Außenfilter oder einen zu hohen Wasserspiegel kann zuviel Luft (Gase) ins Aquarium gelangen. Die Fische nehmen diese Gase in Form von sichtbaren Gasbläschen auf. Dieses Phänomen wird als *Gasblasenkrankheit* bezeichnet (siehe *Abb. 2*).

Der *Säuregrad* (pH) sollte zwischen 7,8 und 8,4 liegen. Zur Puffe-

Abb. 2

Gasbläschen, hier an den Flossen, bei einem *Acanthurus olivaceus.* Die Schäden können irreparabel sein.

20

rung und Stabilität trägt der Korallensand durch Freisetzung von Kalziumkarbonat ($CaCO_3$) bei. Falls der Säuregrad unter 7,8 absinkt, ist es unbedingt erforderlich, das Wasser zu erneuern und die überschüssigen organischen Abfälle vom Boden zu entfernen. Der Säuregrad sinkt im Verlauf der Zeit durch die Ansammlung von Nitrat. Daher kann es zweckmäßig sein, den Korallensand des Filters regelmäßig zu reinigen, um die überschüssigen Abfälle zu beseitigen. Diese Reinigungsmethode schadet der biologischen Filterung nicht, weil die Nitrifikationsbakterien an den Sandkörnern haften bleiben. Zur Anhebung des pH-Werts kann man sich im Handel Puffer besorgen oder selbst Natriumbikarbonat und Natriumkarbonat beifügen. Bei zu niedrigem pH-Wert weisen die Fische weiße Hautflecke und Schäden an der Schleimhaut auf. Wird der pH-Wert dagegen zu hoch (über 8,5), so liegt das vermutlich an zu starker Algenbildung, und es empfiehlt sich, einen Teil der Algen zu entfernen.

Nichts ist so wichtig wie die *Nahrung*, damit Lebewesen – und damit auch Fische – auf Dauer in guter Verfassung bleiben. Daher ist sorgfältig darauf zu achten, daß die Fische genügend Nährstoffe erhalten. *Abwechslung* ist besonders wichtig, um ihnen die nötigen Kohlehydrate, Fettsäuren, Eiweiße mit Aminosäuren, Vitamine, Mineralstoffe u. ä. zuzuführen. Eine einseitige Fütterung führt zu Organverfettung, Vitaminmangel oder sonstigen Mangelerscheinungen, die Wachstumsstörungen, Mißbildungen, Blindheit (Vitamin-A-Mangel), Abmagerung, Hautverfärbungen oder sogar den Tod nach sich ziehen können. Auf dem Markt ist eine breite Auswahl an Futter erhältlich, wie z. B. Flockennahrung (Tetra, Aquarian, o. ä.), gefriergetrocknete Produkte, tiefgefrorene Nahrung und Futtertiere, so daß sich daraus ohne Schwierigkeiten ein abwechslungsreiches Menü zusammenstellen läßt.

Ebenso wichtig wie die Nahrung ist die *Zusammensetzung der Fische*, die in ein- und demselben Aquarium miteinander leben sollen. Allerdings ist es nicht so ohne weiteres zu sagen, welche Fische sich miteinander vertragen. Die Verträglichkeit läßt sich oft nur sehr schwer vorhersagen.

Zum Glück gibt es jedoch wenigstens einige goldene Regeln. Aquarienbesitzer, die sich mehr dafür interessieren, möchte ich auf die Werke von de Graaf (1981), Kingsford (1979) und Moe (1982) hinweisen, die sich eingehender mit dieser Frage befaßt haben. Diese Autoren gehen vor allem auf folgende, sehr entscheidende Faktoren ein: Fischart, Größe, Geschlechtsreife und -aktivität, Freßgewohnheiten, Lebensraum mit Verstecken. Es ist aber wohl selbstverständlich, daß ein großer Seebarsch oder eine Muräne nicht zu Demoiselles passen; ein Anemonenfischpärchen kann sehr aggressiv sein, zwei Kaiserfische derselben Art werden sich in vielen Fällen gegenseitig zu Leibe rücken, ein Drückerfisch kann gegenüber anderen Fischarten aggressiv sein, etc. (siehe *Abb. 3*).

Wenn man eine derartige Dominanz oder aggressives Verhalten nicht berücksichtigt, kann das für die schwächeren Exemplare enormen Streß bedeuten und zu Entkräftung oder Verletzungen, womöglich mit sekundären Infektionen, führen.

Um zu vermeiden, daß ein *Neuzugang* (sei es Fisch oder Invertebrat) eine Krankheit ins Aquarium einschleppt, sollte man ihn für eine gewisse Zeit (10 bis 14 Tage) in ein *Quarantänebecken* setzen.

Äußerst wichtig beim Kauf neuer Aquarienbewohner ist es, darauf zu achten, ob sie in guter Verfassung sind und vorgesetztes Futter annehmen.

Zur präventiven „Reinigung" kann man den Meeresfischen, bevor man sie in ihre provisorische Umgebung setzt, ein *Süßwasserbad* geben. Das kann in einem kleinen Aquarium, einem Eimer oder sonstigen Behälter geschehen. Das Süßwasser muß jedoch die gleiche Temperatur und den gleichen Säuregrad (pH) haben wie das Seewasser. Zuvor ist das Wasser zu entchloren, notfalls mit Hilfe von Natriumthiosulfat (ca. 1 g/10 l) oder durch 24- bis 36-stündige Durchlüftung. Durch Zusatz von Natriumbikarbonat an das Süßwasser (1 Teelöffel auf 100 l) erreicht man in aller Regel einen pH-Wert zwischen 7,8 und 8,3. Dieses Süßwasserbad muß mindestens 3 bis 5 Minuten dauern, damit die vermutlich vorhandenen Parasiten (z. B. *Oodinium, Cryptocaryon,* Haut- und/oder Kiemenwürmer) vernichtet werden. In den ersten Sekunden kann der Fisch möglicherweise in einen Schockzustand fallen, doch der dauert glücklicherweise meist nicht lange. Solange der Fisch keine zu großen Streßsymptome aufweist, kann man ihn ruhig im Süßwasserbad lassen. Mehr als 10 bis 15 Minuten sind nicht nötig.

Nachdem man den Fisch dann ins Quarantänebecken gesetzt hat, kann man ihn noch mit einem antibakteriellen Medikament (z. B. Neomycin, Chloramphenicol, Nitrofuran) gegen mögliche bakterielle Infektionen und mit Malachitgrün, Formaldehyd oder Kupfersulfat gegen mögliche Parasiten behandeln.

Das Quarantänebecken muß auf die jeweilige Fischart abgestimmt

Abb. 3

Aggressivität unter Fischen kann für den Verlierer böse Folgen haben. Hier ein *Ptereleotris splendidum* mit abgefressenen Flossen.

sein und z. B. Versteckplätze, einen Außenfilter und – falls nötig – einen Sandboden besitzen. Ein biologischer Filter ist nicht erforderlich, sofern man das Wasser regelmäßig erneuert und untersucht. Ist der Fisch nach 10 bis 14 Tagen in gutem Zustand, so kann man ihn – eventuell nach einem weiteren kurzen Süßwasserbad – in sein endgültiges Domizil bringen. Um zu gewährleisten, daß die alten und neuen Bewohner sich aneinander gewöhnen, kann man die Neuzugänge eine Zeitlang in einem kleinen Behälter oder im Netz im Aquarium halten. In Seewasseraquarien kommt es immer wieder zu Ammoniak- oder Nitritvergiftungen – trotz aufmerksamer Pflege. Hier gilt es durch rasches Handeln wenigstens dem Schlimmsten doch noch vorzubeugen.

Bei *Ammoniakvergiftungen* zeigen die Fische Gleichgewichtsstörungen und können sich durch unkontrollierte, wilde Bewegungen an den Wänden oder an Gegenständen im Aquarium auch verletzen. Sie sind enorm reizbar oder nervös und zeigen von Zeit zu Zeit eine beschleunigte Atmung. *Wasserwechsel oder Umsetzen der Fische* ist in diesem Fall die beste Lösung, während gleichzeitig die Ursache der Ammoniakvergiftung erforscht werden muß. Ähnlich verfährt man auch bei einer *Nitritvergiftung*, wobei die Fische in einem gesonderten Aquarium mit Methylenblau (1 mg/l) behandelt werden müssen. Bei zu hohem Nitritgehalt liegen die Fische meist apathisch am Boden und zeigen eine beschleunigte Atmung.

Bei einem zu niedrigen pH-Wert tritt eine schleimigweiße Hauttrübung auf, die auch die Augen befallen kann. In späteren Stadien stellen sich Hautblutungen ein. Die Atmung ist beschleunigt, und der Fisch wird apathisch. Durch Wasserwechsel und/oder Pufferung des Wassers (mit 6 Teilen Natriumbikarbonat und 1 Teil Natriumkarbonat) läßt sich das Problem meist lösen. Vergiftungen können auch durch *Insektizide* verursacht werden, die im Haus angewendet werden, außerdem durch *Farb-* oder *Leimdünste*, starken *Tabakqualm* u. ä. Ferner sind *Metallvergiftungen* durch Kupfer, Eisen o. ä. immer wieder „unbekannte" Ursachen von Fischsterben. Bestimmte Quell- oder Leitungswasser weisen zuweilen eine erhöhte Konzentration an Metallen auf, die sich durch regelmäßige Wasserwechsel im Aquarium noch verstärkt. Daher muß man sich vor Augen halten, daß bei der Installation eines Seewasseraquariums die Verwendung jeglicher Metalle zu vermeiden ist, zumal wenn sie in Berührung mit dem Seewasser kommen können.

Über *Cyanidvergiftungen* ist bereits viel gesagt und geschrieben worden. „Freshwater and Marine Aquarium (FAMA) Magazine" hat dazu unter der Federführung des Herausgebers Don Dewey und vor allem des Autors Steve Robinson einen wichtigen Beitrag geleistet.[*] Mit Cyanid vergiftete Fische haben praktisch keine Überlebenschan-

---

[*] Steve Robinson (1983–84): Collecting Tropical Marines. FAMA MAGAZINE, Sierra Madre, CA, Vol. 6, 7–12 Vol. 7, 1 – continued.

cen, da in den meisten Fällen ihr Verdauungssystem angegriffen ist, wodurch die Nahrungsaufnahme und Verdauung praktisch unmöglich oder unzureichend geworden ist. Nach einer Phase der Abmagerung, Apathie, Farbveränderungen, Freßunlust etc. tritt meist der Tod ein. Die Fische können allerdings auch ohne vorherige Anzeichen plötzlich verenden.

Cyanid wird vor allem von „Fischern" auf den Philippinen benutzt, um die Fische zu „betäuben", damit sie leichter, in größerer Zahl und unbeschädigt aus den Korallenriffen geholt werden können. In vielen Fällen jedoch werden die Fische gleich nach der Berührung mit diesem Betäubungsmittel vergiftet oder sterben nach einigen Tagen oder Wochen in irgendeinem Aquarium. Dies ist neben dem langen und streßreichen Transport einer der Gründe für die erhöhte Sterblichkeit von Fischen, die aus den Philippinen importiert werden.

Gleichzeitig werden durch diese Fangmethode die jahrhundertealten Korallenriffe unwiderruflich zerstört. Am tragischsten ist jedoch, daß infolge dieser Fangmethode mit Cyanid auch die Kindersterblichkeit auf den Philippinen gestiegen ist, und zwar durch den Verzehr von Speisefischen, die bei der Jagd auf tropische Zierfische mit Cyanid in Berührung gekommen waren.

Diese besorgniserregenden Folgen sollten zu der Einsicht führen, daß die derzeitige Fangmethode auf den Philippinen gründlich revidiert werden muß, was allerdings nur dann der Fall sein kann, wenn die philippinischen Taucher nicht nur gerügt sondern auch unterstützt werden. Aufgrund des niedrigen Erlöses muß der arme Fischer auf den Philippinen eine beträchtliche Fischmenge „ertauchen", um seine Familie ernähren zu können. Da erscheint der Gebrauch der cyanidgefüllten Sprühdose als problemlose Methode, mehr Fische in kürzerer Zeit zu fangen.

Man täte gut daran, die Taucher mit den erforderlichen Fanggeräten auszustatten, damit auf die Verwendung von Betäubungsmitteln verzichtet werden kann. Die Rückkehr zur natürlichen Fangmethode würde im übrigen keine geringeren „Erträge" bedeuten, wenngleich dieses Argument gelegentlich zu hören ist.

Es steht außer Frage, daß neue Fangmethoden von den Philippinen selbst gesetzlich überwacht werden müssen. Glücklicherweise werden sich Exporteure, Importeure, Einzelhändler und Aquarienfreunde dieses Problems immer mehr bewußt, so daß allmählich eine Protestaktion gegen den Einsatz von Cyanid in Gang kommt. Während ich diese Zeilen schreibe, höre ich, daß die philippinische Organisation, die zusammen mit verschiedenen Tauchern, darunter Steve Robinson, 1984 begonnen hatte, eine große Zahl von „Fischern" umzuschulen, zumindest erste Erfolge aufweisen kann. Bindende gesetzliche Regelungen werden hoffentlich folgen.

Krankheiten der Meeresfische

Da sich wissenschaftliche Forschungen an Speisefischen wie Forelle, Lachs etc. eher auszahlen als an ihren „Brüdern", den Zierfischen, ist es nicht weiter verwunderlich, daß über Krankheiten bei Speisefischen mehr bekannt ist. Und bei den Zierfischen insgesamt ist noch weniger über die Krankheiten der tropischen Vertreter bekannt.
Inzwischen hat man aber immerhin die Erfahrung gemacht, daß die bei Meeresfischen auftretenden Probleme nicht geringer sind, eher im Gegenteil. Das liegt u. a. an der Tatsache, daß 99,99 % der tropischen Meeresfische, die bei uns zu Hause im Aquarium landen, in der freien Natur gefangen werden und danach 24 bis 48 Stunden unterwegs sind, bevor sie zum Groß- oder Einzelhändler kommen. Der aus seiner natürlichen Umgebung so plötzlich herausgerissene Fisch ist starkem *Streß* ausgesetzt, dem er sogar erliegen kann. Andererseits können Meeresfische, die den Transport überleben, Krankheiten mitbringen, mit denen sie die Fische im Aquarium daheim anstecken können.
Wichtig ist es, sich vor Augen zu halten, daß Meeresfische sich an ihre neue Umgebung erst anpassen müssen und daß dabei Probleme auftreten können. Der damit einhergehende Streß kann dazu führen, daß die Widerstandskraft der neu erworbenen Exemplare so stark herabgesetzt sein kann, daß sie anfälliger für Infektionen werden. Daher ist ein Quarantäneaquarium so wichtig.

1. Zur Untersuchung

Um die Krankheit unserer Meeresfische richtig diagnostizieren zu können, möchte ich vor allem auf mein Buch „Wegwijs in Visziekten" verweisen, das in deutscher Übersetzung mit dem Titel „Bildatlas der Fischkrankheiten" im Natur Verlag vorliegt.
Für eine richtige Diagnose ist ein Mikroskop unerläßlich. Haut- und Kiemenabstriche oder Flossen- und Kiementeile müssen bei Meeresfischen in etwas Meerwasser auf einem Objektträger untersucht werden. In Meerwasser bleibt die Struktur von Zellen, Bakterien und Parasiten erhalten, die bei Verwendung von Süßwasser zerstört oder beschädigt werden könnte.
Für die Untersuchung der inneren Organe kann man jedoch Süßwasser nehmen. Kleine Stücke von Leber, Milz, Gallenblase, Darm,

Niere, Schwimmblase etc. werden wie bei Süßwasserfischen zwischen Objektträger und Deckglas zerquetscht und unter dem Mikroskop untersucht. Auch Ausscheidungen und Blut können mikroskopisch untersucht werden.

Ohne Hilfe des Mikroskops läßt sich meist keine exakte Diagnose stellen. Das geht aus der nachfolgenden Beschreibung der einzelnen Krankheiten deutlich hervor. Viele Krankheitssymptome sind sich sehr ähnlich und können leicht zu Verwechslungen führen, so daß man zur falschen Medikation greift – mit allen schädlichen Folgen.

Die nachfolgenden Abbildungen kranker Fische und die mikroskopischen Präparate sollen dem interessierten Hobbyaquarianer Aufschluß über die verschiedenen Krankheitsbilder geben.

Das Material, das für die Untersuchung benötigt wird, besteht aus zwei Präpariernadeln, einer kleinen und einer größeren Schere, einem Skalpell mit auswechselbaren Klingen, einer spitzen und einer stumpfen Pinzette sowie einer kleinen Tropfflasche mit Meerwasser.

Die sicherste Methode, einen schwer kranken Fisch zu töten, ist die, mit einer Schere tief in das Genick des Fisches zu schneiden.

Um eventuelle Krankheitserreger auf Haut und/oder Flossen zu entdecken, kann man einen Hautabstrich nehmen oder ein Stück Flosse abschneiden. Den Hautabstrich bekommt man, indem man mit Hilfe eines Skalpells vorsichtig etwas Schleimhaut abschabt. Dieser Abstrich oder ein Stück Flosse wird dann in einen Tropfen Meerwasser gelegt, der sich auf einem Objektträger befindet. Das Ganze wird dann mit einem Deckglas abgedeckt.

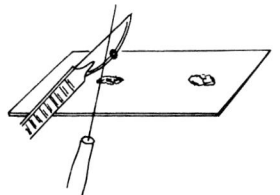 

Als nächstes kann man den Kiemendeckel abschneiden, um ein Kiemenstück mit der Schere oder einer Pinzette zu entnehmen. Dieses Gewebe wird dann ebenfalls in einem Tropfen Meerwasser auf einen Objektträger aufgebracht und mit einem Deckglas abgedeckt.

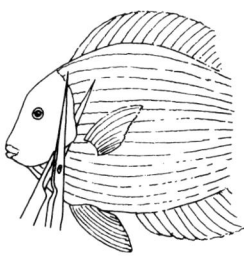 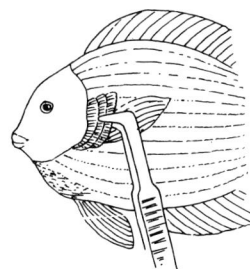

Falls nötig, kann der Fisch auch seziert werden:

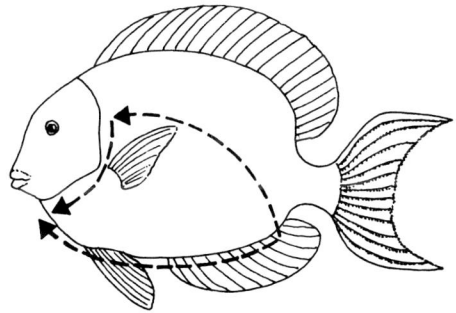

(1) Mit einer Schere wird der Bauch vom After bis zu den Kiemen aufgeschnitten, ohne die inneren Organe zu beschädigen. (2) Dann wird, beim After beginnend, die Seite des Fisches bis zum oberen Rand des Kiemendeckels geöffnet. (3) Nach dem Entfernen der abgeschnittenen Haut liegen die inneren Organe zur Untersuchung frei.

Wenn man kleine Stücke Darm, Leber etc. in etwas Wasser zwischen Objektträger und Deckglas zerquetscht, kann das Ganze unter dem Mikroskop untersucht werden.

2. Virusinfektionen

Über Viruserkrankungen bei tropischen Meeresfischen ist erst sehr wenig bekannt. Vermutlich gibt es verschiedene noch nicht identifizierte Viren, die ähnliche Krankheitssymptome verursachen wie manche bakterielle Infektionen. Einige Viren können sogar Tumore oder Geschwulste hervorrufen.

Es gibt aber eine bestimmte virale Infektion mit ganz typischem Erscheinungsbild, die deutlich zu erkennende Lymphocystis-Infektion.

Lymphocystis

Dieser Virus befällt in erster Linie das Haut- und Flossengewebe (auch Maul und Kiemendeckel), wobei sich die infizierten Zellen zu Riesenzellen entwickeln und sich als Knötchen manifestieren (siehe *Abb. 6*). Daher trägt diese Krankheit auch den Namen *Knötchenkrankheit* (siehe *Abb. 4, 5*).

Diese Infektion tritt regelmäßig bei Meeresfischen auf, die entweder unsanft behandelt wurden oder einen sehr streßreichen Transport hinter sich haben. Sie kann aber auch Folge einer Übermedikation mit Kupfersulfat sein, die das irritierte Haut- und Flossengewebe für diese Virusinfektion anfällig macht. Einige Meeresfischarten wie z. B. Schmetterlingsfische *(Chaetodon sp., Forcipiger sp., Heniochus sp.* etc.), Kaiserfische *(Pomacanthus sp., Holacanthus sp., Centropyge sp.), Gamma loreto* etc. werden regelmäßig von dieser Krankheit befallen. Es kommt vor, daß ein bestimmter Fisch oder eine bestimmte Fischart in einem Aquarium diese Infektion haben, während die anderen Fische oder Arten im selben Aquarium nicht befallen werden.

Anfangs sind nur ein paar weiße Pünktchen (vor allem an den Flossen) erkennbar, die leicht mit dem Seewasserichthyo *(Cryptocaryon)* verwechselt und demzufolge falsch behandelt werden. Manchmal verschwindet die Infektion von allein, aber sie kann sich auch zu einer bakteriellen Sekundärinfektion entwickeln und schließlich zum Tod des Fisches führen. Ein befallener Fisch weist im letzten Stadium massenhafte blumenkohlartige Wucherungen auf.

Treten diese am Maul auf, so behindern sie meist die Nahrungsaufnahme, mit der Folge, daß der Fisch praktisch verhungert.

Abb. 4

Lymphocystis-Infektion am Schwanz eines jungen Kaiserfischs *(Pomacanthus imperator)*.

Abb. 5

Lymphocystis-Infektion am Schwanz sowie an der Rücken-, After- und Brustflosse eines Wimpelfischs *(Heniochus acuminatus)*.

Abb. 6

Mikroskopische Aufnahme (100fach vergrößert) einiger „weißer" Knötchen oder Riesenzellen, verursacht durch den Virus *Lymphocystis*.

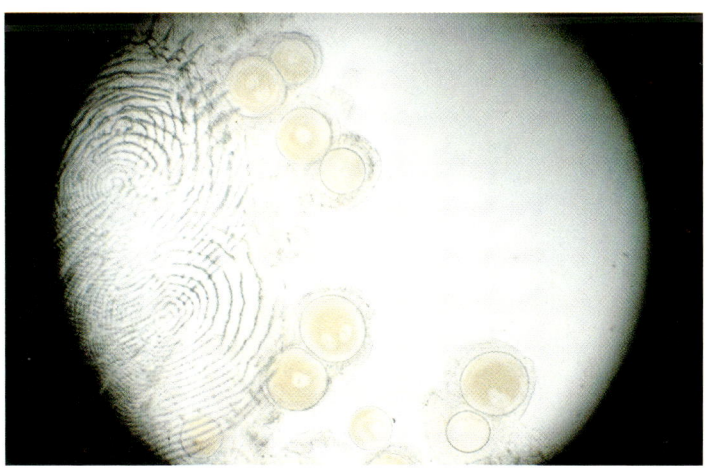

Behandlung

Bisher gibt es noch kein spezifisches Medikament zur Bekämpfung der *Lymphocystis*. Manchmal verschwindet sie plötzlich von selbst, aber es empfiehlt sich doch, nach Beobachtung der ersten Knötchen zu versuchen, diese mit dem Fingernagel oder einem kleinen Messer vorsichtig abzuschaben und danach die „Wunde" mit Quecksilberchrom (4 %) oder einem anderen Desinfektionsmittel zu behandeln. In schweren Fällen ist es manchmal nötig, die befallenen Flossenteile abzuschneiden und die Stelle zu desinfizieren. Man kann die Fische aber auch in einem gesonderten Aquarium mit einem Antibiotikum oder Chemotherapeutikum gegen mögliche Sekundärinfektionen durch Bakterien behandeln. Nach einer gewissen Zeit regenerieren die Flossen in der Regel. Gute Resultate erzielt man manchmal auch, wenn man Jod (z. B. Kaliumjodat) in einem gesonderten Becken ins Wasser gibt oder die infizierten Fischteile damit direkt bepinselt.

Falls die Ursache dieser Virusinfektion nicht auf eine Überdosierung von Kupfersulfat zurückzuführen ist, kann eine Behandlung mit Kupfersulfat oder Formaldehyd + Kupfersulfat erfolgversprechend sein. In manchen Fällen bricht die Krankheit dann allerdings nach einigen Tagen erneut aus.

3. Bakterielle Infektionen

Bakteriell verursachte Infektionen lassen sich nur dann richtig diagnostizieren und behandeln, wenn von den Bakterien zuvor in einem Labor eine Kultur angelegt wurde, sie bestimmt und einem Test unterzogen wurden, inwieweit sie auf bestimmte Antibiotika und Chemotherapeutika ansprechen. Diese Tests erfordern in der Regel Zeit und Erfahrung, so daß der Fisch in vielen Fällen der Infektion bereits erlegen ist, bevor die Ergebnisse vorliegen. Kurz gesagt – es ist dann meist zu spät, den Fisch noch zu retten. Aus diesem Grund greifen wir besser zu einer anderen, einfacheren Methode zur Behandlung bakterieller Infektionen. Wir verabreichen ein Breitbandantibiotikum, um möglichst viele Bakterien auf einmal zu bekämpfen.

Gleichzeitig kann man einen wissenschaftlichen Bestimmungs- und Empfindlichkeitstest durchführen lassen.

Falls das Breitbandantibiotikum nach zwei bis drei Tagen keine Besserung bringt, wechselt man zweckmäßigerweise (nach Wasseraustausch) zu einem anderen antibakteriellen Mittel über. Außerdem sollte man versuchen, die mögliche Ursache noch genauer zu erforschen. Die Laboruntersuchung hat inzwischen hoffentlich Aufschluß über die vorhandene(n) Bakterienart(en) gebracht.

Bei der Behandlung bakterieller Infektionen darf man aber nicht vergessen, daß durch die Verabreichung des Medikaments im Gemeinschaftsaquarium auch die Bakterien *Nitrosomonas* und *Nitrobacter* im biologischen Filterbett getötet werden können. Welche antibakteriellen Medikamente am gefährlichsten für die Nitrifikationsbakterien sind, ist zwar noch nicht bekannt. Mit dieser Gefahr muß aber zumindest jederzeit gerechnet werden. Will man das Risiko trotzdem eingehen, so sollte man im Laufe der Behandlung den Ammoniak- und Nitritgehalt regelmäßig untersuchen, um mögliche Schwankungen rechtzeitig festzustellen. Am sichersten ist es, die Fische in ein Quarantänebecken zu setzen und dort zu behandeln.

Ultraviolettsterilisierung trägt ebenfalls zur Kontrolle und Eindämmung von Bakterien in einem Einzelaquarium oder in mehreren Aquarien bei, die an ein zentrales Filtersystem angeschlossen sind.

Abb. 7

Lokale bakterielle Infektion am Kiemendeckel (mit Blutung) eines Kaiserschnappers *(Lutianus sebae)* vor der Behandlung mit Chloramphenicol + Nitrofurazon.

Abb. 8

Heilung der Wunde am Kiemendeckel eines Kaiserschnappers *(Lutianus sebae)* drei Tage nach der Behandlung mit Chloramphenicol + Nitrofurazon.

Flossenfäule

Ein häufigauftretendes Symptom bei bakteriellen Infektionen ist das Abfaulen (Abbrechen) des Flossen- oder Schwanzrandes, das durch Bakterien verursacht wird (siehe *Abb. 9, 10, 11*).

Dafür kann eine Vielzahl von Bakterien verantwortlich sein (z. B. *Pseudomonas, Aeromonas, Edwardsiella* etc.). Haut- und Flossen-fäule kann aber auch nach einer parasitären Erkrankung auftreten, d. h. als bakterielle Sekundärinfektion.

Im Anfangsstadium werden die äußersten Enden befallen, die dadurch einreißen oder ausfransen. Wird das nicht rechtzeitig bemerkt oder unterbleibt eine entsprechende Behandlung, so kann sich die Flosse oder der Schwanz in Stücken auflösen und/oder ganz abfallen. Eine Heilung ist dann nicht mehr möglich.

Behandlung

Als erstes ist zu untersuchen, ob die primäre Ursache der Erkran-kung ein parasitärer Befall ist; falls ja, muß er zuerst behandelt werden, wobei man allerdings gleichzeitig auch der sekundären bak-teriellen Infektion zu Leibe rückt. Auf jeden Fall wird man ein antibakteriell wirksames Mittel wie Chloramphenicol, Erythromy-cin, Nifurpirinol, Neomycin, Linco-Spectin® o. ä. verabreichen, oder auch Kombinationen wie Chloramphenicol + Nifurpirinol, Neomycin + Nifurpirinol etc.

Abb. 9

Bakterielle Infektion
mit Flossenfäule, blas-
sen Hautflecken,
Schuppenverlust und
Auf-dem-Boden-Lie-
gen bei einem violetten
Pseudochromis.

Abb. 10

Flossenfäule bei einem
Gestreiften Zwergkai-
serfisch *(Centropyge
bispinosus)*.

Abb. 11

Bakterielle Infektion
mit Flossenfäule sowie
roten Hautblutungen
bei einem Masken-Pin-
zettfisch *(Forcipiger
flavissimus)*.

Rote Entzündungen an Haut und Flossen, *Vibrio*-Infektion o. ä.

Anfangs sieht man kleine rote Blutflecken, die sich aber mit der Zeit zu großen blutigen Flecken oder sogar Geschwüren entwickeln können. Gleichzeitig kann auch Flossenfäule auftreten (siehe *Abb. 11, 12, 13, 14*). In vielen Fällen wird dieses Krankheitsbild durch Bakterien verursacht, wenngleich einige parasitäre Infektionen wie z. B. *Brooklynella* und *Uronema* ähnliche Symptome aufweisen können. Manchmal ist der After blutig und geschwollen. In schweren Fällen kann auch das Muskelgewebe befallen sein; dann ist eine Heilung so gut wie ausgeschlossen, und es ist besser, den Fisch schmerzlos zu töten.

Außer den roten Flecken erkennt man die Infektion auch daran, daß der Fisch sich anormal verhält, mühsam atmet, an der Wasseroberfläche hängt oder auf dem Boden liegt. Im Endstadium ist er völlig apathisch. Die Ursache dieser Infektion können *Vibrio, Pseudomonas* oder andere Bakterien sein. *Vibrio* ist das Gegenstück zu *Aeromonas liquefasciens* im Süßwasser.

Behandlung

Antibakterielle Präparate wie Chloramphenicol, Nifurpirinol, Sulfonamide, Kanamycin, Streptomycin o. ä. oder die Kombination von Chloramphenicol + Nifurpirinol sind probate Mittel. Bevor man auf gut Glück eine Behandlung gegen Bakterien beginnt, sollte man aber unbedingt untersuchen, ob als Primärursache nicht ein Parasitenbefall vorliegt.

35

Weiße Hautflecke, auch Fleckkrankheit genannt

Die Fische zeigen kleine oder größere bläßlich-weiße Hautflecke, an denen sich die Schleimhaut zu lösen beginnt. Außerdem stellt sich auch Flossenfäule ein, der Fisch hat Atemschwierigkeiten (bakterielle Infektion in den Kiemen), hängt an der Oberfläche oder liegt auf dem Boden (siehe *Abb. 9*). Kopfpartie und Augen sind häufig ebenfalls befallen, wobei dann auch eine Augentrübung eintritt.

In manchen Fällen verläuft diese Krankheit ähnlich wie eine *Brooklynella-* oder *Uronema-*Infektion mit ihren typischen weißen Hautflecken; in diesem Fall ist sie allerdings durch Parasiten verursacht. Manchmal ist der Krankheitserreger ein *Myxobacterium*, und zwar *Flexibacter sp.*, oder das Gegenstück zur *Columnaris-*Krankheit bei Süßwasserfischen. Bei zu niedrigem pH-Wert können ähnliche Symptome auftreten, wobei sich die Schleimhaut in Fetzen vom Fisch löst und die Haut ebenfalls helle Flecken aufweist (siehe *Abb. 15*).

Behandlung

Als erstes ist festzustellen, welches der eigentliche Krankheitserreger bzw. die Krankheitsursache ist. Im Falle einer bakteriellen Infektion erfolgt die Behandlung mit Neomycin, Nifurpirinol, Chloramphenicol o. ä. bzw. mit Kombinationen von Neomycin + Nifurpirinol oder Chloramphenicol + Nifurpirinol.

Abb. 15

Blasse Hautflecken mit Hautverlust und Flossenfäule, verursacht durch Myxobacteria (*Columnaris*-Typ) bei einem Rotschwanzdoktorfisch *(Acanthurus achilles)*.

Schuppensträube und/oder aufgetriebener Bauch, Bauchwassersucht

Diese Krankheit wird meist durch *Pseudomonas, Corynebacterium sp.* o. ä. verursacht. Zuerst stellen sich die Schuppen an einzelnen Körperstellen auf, und mit der Zeit wird der ganze Körper erfaßt. Parallel dazu kann als typisches Symptom Bauchwassersucht hinzukommen, die große Ähnlichkeit mit der Bauchwassersucht bei Süßwasserfischen aufweist. Manchmal treten gleichzeitig auch blutige Flecken auf. Sobald der Fisch das Stadium der Bauchwassersucht erreicht hat, besteht nur noch wenig Aussicht auf Rettung. Häufig sind dann die Nieren bereits erfaßt (durch *Corynebacterium sp.*), wodurch die Flüssigkeit aus dem Körper nicht mehr ausgeschieden wird, sondern sich im Körper sammelt.

Behandlung

Es ist dringend anzuraten, die noch lebenden Fische präventiv zu behandeln. Empfohlene Präparate sind z. B. Erythromycin, Nifurpirinol, Tetracyclin.

Schwimmblasenentzündung

Typisch ist das auffällig anormale Schwimmverhalten des Fisches. Da die Schwimmblase ihre Gleichgewichtsfunktion nicht mehr ausreichend erfüllen kann, fällt es dem Fisch schwer, sich im Schwebezustand oder „gerade" zu halten. Er unternimmt krampfhafte Versuche, im Gleichgewicht zu bleiben. Manchmal kann dies auch eine Folgeerscheinung der Fischtuberkulose sein.

Behandlung

Eine Erhöhung der Wassertemperatur um einige Grade und das Verabreichen von mit antibakteriellen Medikamenten getränktem Futter (z. B. Tetracyclin, Chloramphenicol) kann unter Umständen eine Besserung bringen, obgleich die Aussichten eher gering sind.

Fischtuberkulose: *Mycobacterium*-Infektion

Diese hartnäckige bakterielle Infektion wird vom *Mycobacterium marinum* verursacht, dem Gegenstück zur *Mycobacterium*-Infektion bei Süßwasserfischen.

Die Symptome können unterschiedlicher Art sein: Abmagerung oder aufgetriebener Bauch, Hautflecken und Schuppenverlust, hervorquellende Augen, Flossenfäule, Hautgeschwüre o. ä. Meist werden Fische apathisch, zeigen Freßunlust und magern stark ab (siehe *Abb. 16, 17*).

Vor allem Fische, die schlecht gehalten und unsachgemäß gefüttert werden, können nach einiger Zeit von dieser Krankheit befallen werden. Häufig werden ältere Arten, die schon längere Zeit in Gefangenschaft gehalten werden, erfaßt. Eine Deformation des Skeletts ist eine häufig auftretende Begleitscheinung.

Bei der Untersuchung des Fisches stößt man zuweilen auf kleine graubraune Knötchen in den inneren Organen. Dies sind die Tuberkel, die sehr typisch für diese Krankheit sind und als Diagnosemerkmal dienen können. Allerdings darf man sie nicht mit der inneren Pilzkrankheit *(Ichthyophonus)* verwechseln, bei der ganz ähnliche Knötchen auftreten können. Eindeutigen Aufschluß liefert die Untersuchung des Quetschpräparats eines befallenen Organs (siehe *Abb. 18*).

Behandlung

Meist kommt man nicht umhin, die befallenen Fische auszusondern und notfalls schmerzlos zu töten. Eine Behandlung mit Kanamycin, Streptomycin, Isoniazid oder Rifampin wird selten erfolgreich sein. Die UV-Sterilisierung des Aquariums (oder geschlossenen Systems) hilft, die Verbreitung des *Mycobacterium sp.* einzudämmen.

Abb. 16 und *17*

Flossenfäule, Schup-
penverlust, Entfärbung
und Glotzäugigkeit in-
folge von Meeresfisch-
tuberkulose *(Mycobac-
terium marinum)* bei
einer Blaugrünen De-
moiselle *(Chromis coe-
ruleus).*

Abb. 18

Tuberkel der Meeres-
fischtuberkulose
*(Mycobacterium
marinum)* in der Leber
einer Blaugrünen
Demoiselle *(Chromis
coeruleus).*

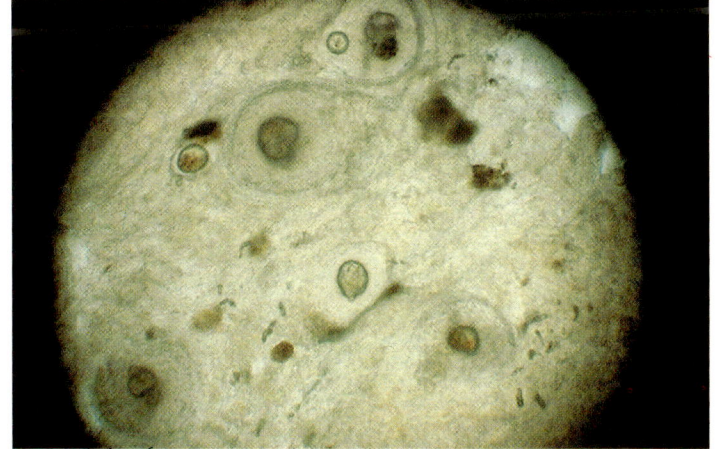

Augentrübung

Eine Trübung der Augen oder Schleimbildung tritt bei verschiedenen bakteriellen und parasitären Infektionen (*Cryptocaryon, Brooklynella* etc.) auf. Auch Verletzungen auf dem Transport, verschmutztes Wasser, Kämpfe u. ä. können zu dieser Infektion beitragen. In anderen Fällen quellen die Augen hervor oder sind entzündet. Die Ursachen können vielfältiger Art sein.

Behandlung

Als erstes muß untersucht werden, ob nicht Umgebungsfaktoren als Verursacher in Frage kommen. Eine Behandlung ist nicht immer erfolgreich, da die Schädigung bleibender Natur sein kann. Manchmal allerdings werden durch eine Behandlung mit Chloramphenicol, Neomycin, Nifurpirinol, Sulfonamiden o. ä. doch gute Resultate erzielt.

4. Pilzinfektionen

Zwei Arten von Pilzinfektionen treten gelegentlich bei tropischen Meeresfischen auf: eine äußere, meist sekundäre Infektion, verursacht von sog. Hautpilzen wie z. B. *Saprolegnia sp.* vergleichbar mit *Saprolegnia sp.* bei Süßwasserfischen, und eine innere Pilzinfektion, deren Erreger wie bei Süßwasserfischen *Ichthyosporidium hoferi* (früher *Ichthyophonus hoferi*) ist.

Äußere Pilzinfektion (Hautpilz), *Saprolegnia sp.*

Diese Erkrankung tritt bei Meeresfischen nicht so häufig auf wie bei Süßwasserfischen. Sie wird von *Saprolegnia sp.*, dem Gegenstück zur Süßwasser-*Saprolegnia sp.*, verursacht. Dieser Pilz befällt den Fisch meist nach einer Beschädigung der Haut, Flossen o. ä. durch eine bakterielle und/oder parasitäre Infektion, durch Verletzungen, schlechte Lebensbedingungen wie z. B. verschmutztes Wasser, schlechte Filterung, viel organischen Abfall u. ä. Gesunde Fische werden daher fast nie von Pilzen befallen. Ist die schützende Schleimhaut beschädigt, so können die Pilze in die Haut eindringen und dort mehr Schaden verursachen. Sie treten als Beläge oder wattebauschähnliche Gebilde in Erscheinung (siehe *Abb. 19, 20*).

Behandlung

Es kommt also vor allem darauf an, die eigentliche oder primäre Ursache der Pilzinfektion aufzuspüren und restlos zu beseitigen. Reines Seewasser mit guter Filterung kann an sich schon ausreichen, damit der Pilz wenig Überlebenschancen hat. Darüber hinaus ist eine Behandlung, vor allem im Anfangsstadium, mit Präparaten wie Furanace, Malachitgrün, Kupfersulfat oder Phenoxyäthanol sehr wirksam.

Im Falle einer Primärinfektion durch Bakterien und einer Sekundärinfektion durch Pilze ist als erstes ein antibakteriell wirksames Medikament zu verabreichen. Bei einer parasitären Infektion müssen die Parasiten zuerst oder gleichzeitig bekämpft werden.

Abb. 19

Pilzinfektion (brauner Belag) an der Flanke eines Weißstirnanemonenfischs *(Amphiprion perideraion)* nach Verletzung.

Abb. 20

Mikroskopische Vergrößerung (100fach) einer Pilzinfektion, mit typischen Schimmelfäden.

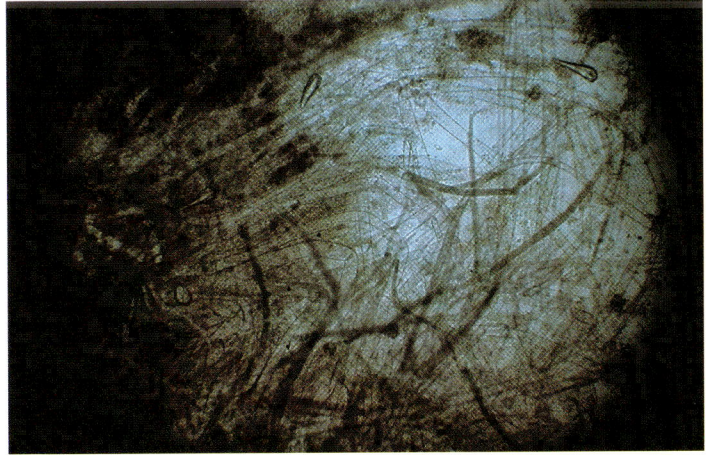

41

Innere Pilzinfektion:
Ichthyosporidium hoferi

Dieser Pilz befällt innere Organe und tritt nach meiner Beobachtung bei Meeresfischen häufiger auf als bei Süßwasserfischen. Hier ist die Situation also genau umgekehrt wie bei den äußeren Pilzerkrankungen.

Da sich die Infektion zu Beginn äußerlich nicht manifestiert, wird sie erst in einem späteren Stadium bemerkt, wenn der Fisch nicht mehr zu retten ist. Er magert ab, zeigt ein anormales Schwimmverhalten, manchmal quellen die Augen hervor, die Haut beginnt dunkle Flecke zu zeigen (siehe *Abb. 21*), das Flossengewebe ist beschädigt, und hier können sekundäre bakterielle Infektionen ausbrechen, die blasse oder rote Hautflecke verursachen. Die Untersuchung von Quetschpräparaten innerer Organe wie Leber, Niere oder Milz kann nachweisen, ob eine *Ichthyosporidium*-Infektion vorliegt (siehe *Abb. 22*). In manchen Fällen versuchen die Organe, den Pilzparasit einzukapseln, was ihnen manchmal auch gelingt. Eine Übertragung erfolgt über die Fütterung mit infizierten Futtertieren.

Behandlung

Gutes Futter und ein gesundes Milieu sind die Grundvoraussetzungen. Eine Behandlung mit Phenoxyäthanol im Futter zur Eindämmung oder gar Prophylaxe der Krankheit soll positiv sein, wenngleich die Ergebnisse nicht immer befriedigen. Die befallenen Fische müssen auf jeden Fall isoliert werden. Was bleibt, ist die Hoffnung, daß die anderen Fische sich inzwischen noch nicht angesteckt haben.

Abb. 21
Westindischer Herzogsfisch *(Holacanthus tricolor)* mit Glotzauge, hier verursacht durch eine innere Pilzinfektion *(Ichthyosporidium hoferi)*.

Abb. 22

Ichthyosporidium hoferi oder innere Pilzinfektion in der Leber eines Meeresfischs.

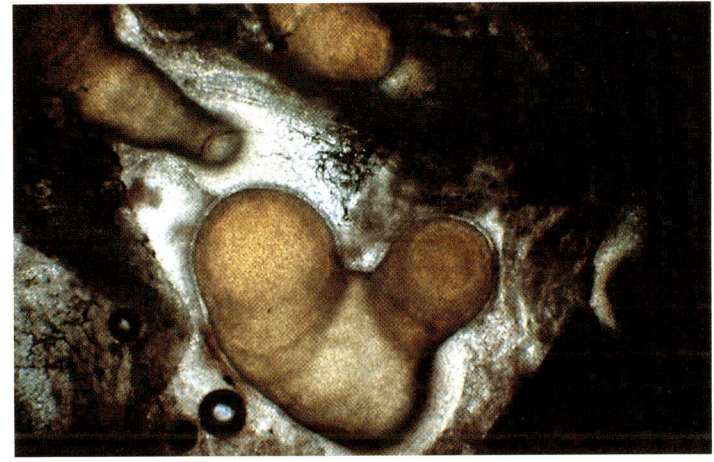

5. Parasitäre Erkrankungen

5.1 Protozoa oder einzellige Parasiten

Tropische Meeresfische können von folgenden Einzellern befallen werden: den Geißeltierchen (Flagellaten), die sich mit Hilfe von Geißeln fortbewegen und/oder festhalten, den Wimpertierchen (Ciliata), die sich mit Hilfe von Wimpern fortbewegen und ernähren und den Sporozoa, einzelligen Parasiten, die sich nicht aus eigener Kraft fortbewegen können, sondern mit dem Wasser oder der Nahrung transportiert werden. Je nachdem welcher Parasit den Fisch befallen hat, prägen sich mehr oder weniger typische bzw. besser oder schlechter zu heilende Krankheiten aus.

Oodinium oder Korallenfischkrankheit: *Oodinium ocellatum*

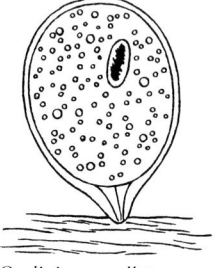

Oodinium ocellatum

Oodinium ocellatum gehört zu den Dinoflagellaten und hat ein Gegenstück bei Süßwasserfischen *(Oodinium pillularis).*
Die Infektion ist manchmal schwer festzustellen, je nach Lichteinfall und Blickwinkel, unter dem wir den Fisch betrachten, und außerdem befallen die *Oodinium*-Parasiten in erster Linie die Kiemen *(Abb. 23, 24)*. Bei fortgeschrittenen Infektionen sind Haut und Flossen ebenfalls befallen. Zu sehen sind dann ganz feine weiß-gelbe Pünktchen (Salz- und Pfefferbelag), die vor allem an den Flossen deutlich in Erscheinung treten.
Dieser einzellige Parasit (Größe 50–60µ) ist mit seinen Rhizoiden (sog. „Wurzeln") in der Schleimhaut verankert (siehe *Abb. 25*). Mit diesen wurzelartigen Gebilden kann der Parasit sich auf seinem Wirt, dem Fisch, gut festsetzen. Er verursacht dabei aber großen Schaden an dessen Schleimhaut. Die Folge davon ist, daß der Fisch seine Resistenz oder Widerstandskraft verliert und für Sekundärinfektionen durch Bakterien anfällig wird, die an roten blutigen Hautflecken zu erkennen sind. Meist ist es dann bereits zu spät. Manchmal findet sich dieser Parasit auch in den Nieren.
Ein infizierter Fisch fällt durch Unruhe und Atemnot auf, scheuert sich am Boden, oder zum Beispiel an Korallen, hängt an der Wasseroberfläche, schnappt nach Luft und liegt manchmal auch auf dem Boden. Auf einem Haut- und/oder Kiemenabstrich sind die *Oodinium*-Parasiten bei 100- bis 200facher Vergrößerung unter dem Mikroskop mühelos zu erkennen. Sie ähneln kegelförmigen, dunklen einzelligen Organismen, die im Gewebe festsitzen (siehe *Abb. 26*). Für eine Behandlung sind Kenntnisse über ihren Lebenszyklus unerläßlich. Der Parasit *Oodinium ocellatum* manifestiert sich al Zyste auf dem Fisch. Nach einem mehrtägigen Reifeprozeß löst sich der Parasit und teilt sich irgendwo im Aquarium in zahlreiche Tochterzellen (*Palmella*-Stadium). Diese Tochterzellen bilden je eine Gei-

44

ßel aus und schwimmen schließlich frei herum (*Dinosporen*). Um überleben zu können, müssen diese Sporen innerhalb von 24 Stunden einen Wirt (Fisch) finden, sonst sterben sie ab. Bei der Behandlung kommt es also vor allem darauf an, die freischwimmenden Sporen rechtzeitig abzutöten. Seit Exporteure, Importeure, Großhändler, Einzelhändler und Hobbyaquarianer ihre Meeresfische öfter mit Kupfersulfat behandeln, kommt der Parasit *Oodinium ocellatum* nicht mehr so häufig vor, da er bereits getötet wurde, bevor er ins Hausaquarium verschleppt werden konnte.

Behandlung

Da dieser Parasit sehr leicht übertragbar ist, sollte man das ganze Aquarium samt Fischbestand und Dekoration behandeln. Als sehr wirksam hat sich Kupfersulfat erwiesen. Allerdings muß die Lösung stark genug sein, d. h. mindestens 0,20 ppm Kupferionen enthalten. Diese Lösung muß mindestens 8 bis 10 Tage lang angewandt werden, damit man sicher sein kann, daß wirklich alle (neuen) freischwimmenden Parasiten abgetötet sind. Wenn man gleichzeitig den Salzgehalt (die Dichte) langsam auf 1,015–1,016 g/ml absinken läßt, haben die Parasiten noch weniger Überlebenschancen.

Ein weiteres Mittel ist Chininhydrochlorid. Das Behandlungsresultat ist zwar nicht immer so gut wie bei Kupfersulfat, doch der Vorteil ist, daß es für die Fische weniger toxisch und für die niederen Tiere und die Nitrifikationsbakterien weniger schädlich ist.

Zusätzlich zur Behandlung des Aquariums kann man die noch kräftigen Fische auch in ein Süßwasserbad geben.

In der Anfangsphase der Infektion ist eine Behandlung wirksamer als in weiter fortgeschrittenen Stadien. Ist das befallene Gewebe von den Parasiten bereits stark geschädigt, so können Sekundärinfektionen durch Bakterien auftreten, die gleichzeitig mit einem antibakteriellen Medikament (z. B. Nifurpirinol, Chloramphenicol o. a.) behandelt werden müssen.

Abb. 23

Oodinium-Infektion, Korallenfischkrankheit, deutlich erkennbar an Schwanz- und Rückenflosse eines Wimpelfischs *(Heniochus acuminatus)*.

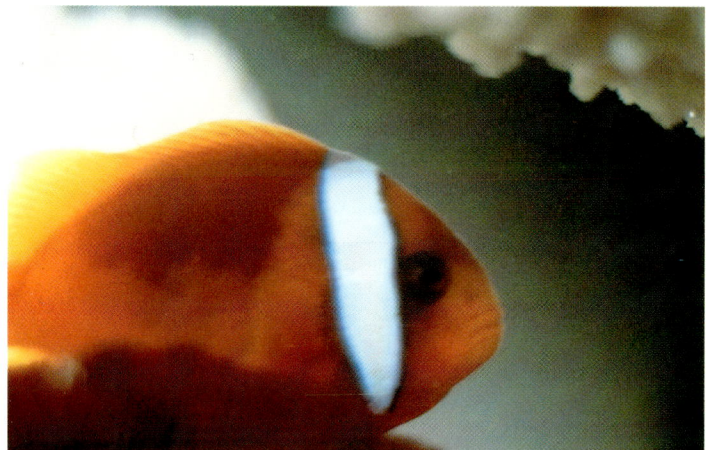

Abb. 24

(Je nach Blickwinkel) praktisch nicht zu erkennende *Oodinium-*Infektion bei einem Glühkohlenfisch oder Halsband-Anemonenfisch *(Amphiprion frenatus)*.

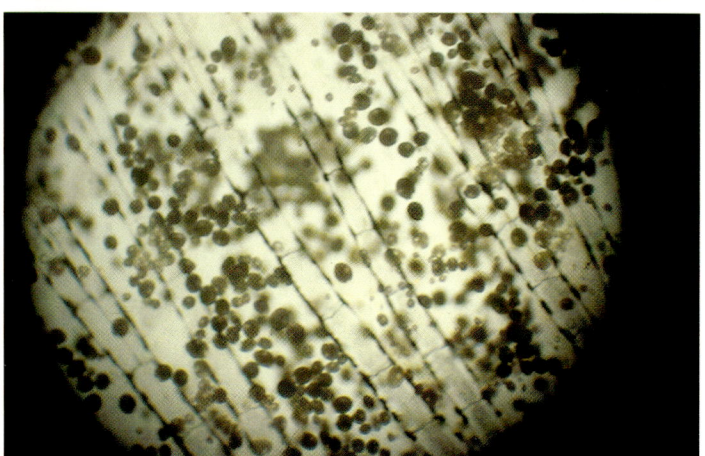

Abb. 25

Mikroskopische Aufnahme (100fach vergrößert) einer schweren *Oodinium-*Infektion an der Schwanzflosse.

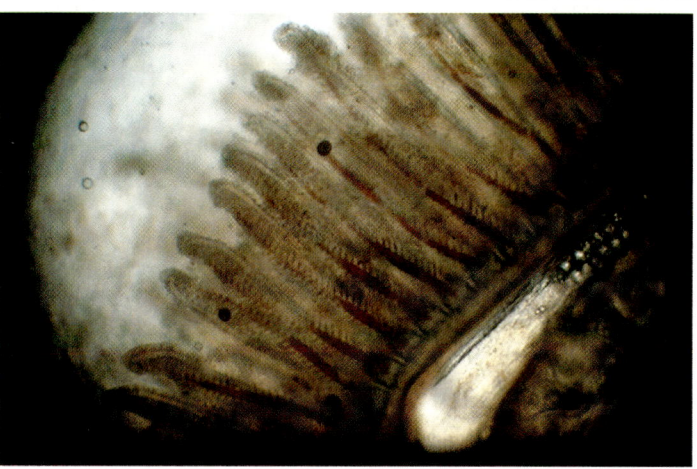

Abb. 26

*Oodinium-*Parasiten in den Kiemen (100fach vergrößert).

46

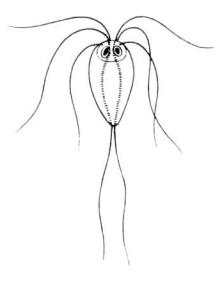

Hexamita/Spironucleus

Hexamita/Spironucleus, die sog. Lochkrankheit

Über diese Meeresfischkrankheit wurde bislang noch nicht viel publiziert, da sie nur sporadisch im Darm und in anderen Organen von Kaiserfischen *(Holacanthus sp., Centropyge sp., Pomacanthus sp.)* und Doktorfischen *(Paracanthurus sp., Acanthurus sp., Zebrasoma sp.)* sowie *Zanclus cornutus* auftritt (siehe *Abb. 27–31).*

Das Gegenstück zu dieser *Hexamita/Spironucleus*-Art findet man bei Süßwasserfischen, vor allem bei Cichliden wie *Symphysodon discus, Pterophyllum scalare, Cichlasoma sp.* u. a., bei Küssenden Guramis *(Helostoma temmincki),* manchen Tetras, Katzenwelsen und noch verschiedenen anderen Arten (Bassleer 1983).*

Die Krankheit tritt vor allem bei Exemplaren auf, die Streß, etwa in Form von unsachgemäßer Haltung, Kälte o. ä. ausgesetzt sind. Eine eindeutige Bestimmung dieses Meerwasserflagellaten steht noch aus, obwohl er große Ähnlichkeit mit den Süßwasserparasiten *Hexamita/Spironucleus* aufweist. Das gilt im übrigen auch für *Spironucleus* und Hexamita selbst, die man noch nicht eindeutig voneinander unterscheiden kann. Daher werden beide Namen nebeneinander benutzt.

Die Fische verlieren ihre Färbung und verblassen, magern zusehends ab, sind apathisch, ohne Freßlust und produzieren weiße schleimige (manchmal wäßrige) Ausscheidungen (siehe *Abb. 29, 30).* Letzteres ist übrigens bei allen Verdauungsproblemen der Fall, die ihre Ursache in Bakterien- oder Parasitenbefall, z. B. auch durch Würmer, haben.

In einigen extremen Fällen kann sich, vor allem bei größeren, erwachsenen Exemplaren, wie bei Süßwasserfischen die sog. „Lochkrankheit" entwickeln (siehe *Abb. 27, 28).* Dabei kann der Fisch durch die Kombination von ungünstigen Umgebungsfaktoren, unsachgemäßer Fütterung und dem Vorhandensein des Innenparasiten *(Hexamita/Spironucleus* sehr geschwächt werden. Das empfindliche Seitenorgan, das Ausläufer bis in den Maul-/Nasenbereich hat, wird hierbei beschädigt oder zerstört. Die Beschädigung zeigt sich in Form von „Löchern" – bedingt durch den Verlust des benachbarten Gewebes – in denen sich später auch noch Sekundärinfektionen durch Bakterien entwickeln können.

Ursprünglich ist der Parasit in den Därmen angesiedelt, was zu Reizungen und Beschädigungen der Darmwand und als Folge davon zu vermehrter Schleimbildung oder Diarrhö führt.

Durch die Untersuchung frischer Kotproben oder des Darminhalts gerade verendeter Fische lassen sich die kleinen, schnell durcheinanderwimmelnden Geißeltierchen (Größe 6–12 μ) bei 200- bis 300facher mikroskopischer Vergrößerung mühelos ausmachen. Man

* Bassleer G. (1983): Disease Prevention and Control. Freshwater and Marine Aquarium (FAMA) Magazine, Vol. 6, Nr. 10, S. 38–41 und S. 58–60

darf sie allerdings nicht mit den kleineren Spermien männlicher Exemplare verwechseln (siehe *Abb. 31*).

Behandlung

Sehr zu empfehlen ist Metronidazol in einer Dosis von 600–900 mg/100 l Aquarienwasser, drei Tage lang. Gleichzeitig kann man Nifurpirinol gegen eventuelle Sekundärinfektionen durch Bakterien verabreichen. Fischen, die noch fressen, kann man Metronidazol unter das Futter mischen. Nach der Behandlung kann der Fisch immer noch „Löcher" aufweisen, die bleibende Narben bilden.

Abb. 27

Sog. „Lochkrankheit" im Kopfbereich eines Rotschwanz-Doktorfisches *(Acanthurus achilles)*.

Abb. 28

Erosion oder Auflösung des Seitenorgans beim Rotschwanz-Doktorfisch *(Acanthurus achilles)* mit der sog. „Lochkrankheit".

48

Abb. 29

Verfärbungen mit Sekundärinfektion durch Bakterien (Flossenfäule) und Erosion des Seitenorgans bei einem Blauen Kaiserfisch *(Pomacanthus semicirculatus)* mit *Hexamita/Spironucleus*-Infektion.

Abb. 30

Beginn der sog. „Lochkrankheit" bei einer *Hexamita/Spironucleus*-Infektion bei einem jungen Palettendoktorfisch *(Paracanthurus hepatus)*. Beginnende Lochbildung hinter dem Auge, Farbverlust und Abmagerung.

Abb. 31

Hexamita- oder *Spironucleus*-Parasiten im Darm bei 200facher Vergrößerung.

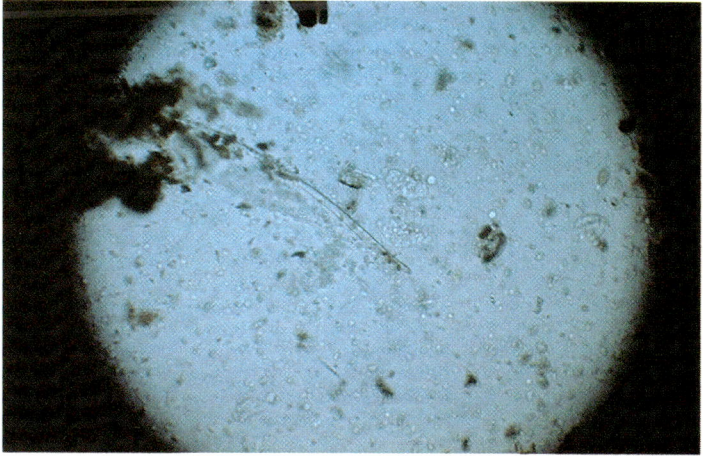

Abb. 32
Ein Gelbes Seepferd-
chen *(Hippocampus
kuda)* mit parasitärer
Hautinfektion, verur-
sacht durch Flagellaten
(Costia-Typ). Erkenn-
bar an den blassen
Hautflecken mit bakte-
rieller Sekundärinfek-
tion.

Weitere Geißeltierchen

Auf der Haut und/oder den Kiemen tropischer Meeresfische kommen noch verschiedene andere Arten von Geißeltierchen vor. Bei
frisch importierten Fischen, die unsachgemäß und unsanft behandelt
wurden, findet man vor allem immer wieder *Cryptobia*-Arten. Dieser Parasit soll das Gegenstück zu *Cryptobia branchialis* bei Süßwasserfischen sein (Burreson & Sypek, 1981)*, (Lom 1980)**.
Bei manchen ebenfalls frisch importierten Meeresfischen findet man
kleine Geißeltierchen, die den bohnenförmigen Parasiten bei Süßwasserfischen stark ähneln, Costia sp. oder *Ichthyobodo necatrix*.
Dazu liegen allerdings noch keine Publikationen vor (siehe *Abb. 32*)
Im allgemeinen weisen befallene Fische folgende Symptome auf:
Dunkelfärbung, vermehrte Schleimbildung, manchmal mit Hauttrübung, Schuppenverlust, erschwerte und/oder beschleunigte Atmung,
Freßunlust und Abmagerung. In späteren Stadien treten dann
Sekundärinfektionen durch Bakterien auf, die zu blassen und/oder
roten Hautflecken sowie Haut- und Flossenfäule führen. Mit Hilfe
eines Haut- und Kiemenabstrichs kann man diese sich rasch bewe-
genden kleinen Parasiten (Größe etwa 5–12µ) bei 200- bis 300facher
mikroskopischer Vergrößerung nachweisen. Vor allem auf Kiemengewebe entdeckt man manchmal festsitzende Parasiten wie z. B.
Cryptobia.

* Burreson, E. & Sypek, J. (1981): *Cryptobia sp.* from the gills of marine
 fishes in the Chesapeake Bay. Journal of Fish Diseases 4 (6): 519–522
** Lom, J. (1980): *Cryptobia branchialis* Nie from fish gills; ultrastructural
 evidence of ectocommensal function. Journal of Fish Diseases 3 (5):
 267–287

Behandlung

Eine Behandlung mit Formaldehyd + Malachitgrün oder Formaldehyd + Kupfersulfat ist durchaus erfolgversprechend. Gleichzeitig kann man die Fische in ein Süßwasserbad geben oder ihnen ein antibakteriell wirksames Medikament wie z. B. Chloramphenicol, Nifurpirinol o. ä. verabreichen.

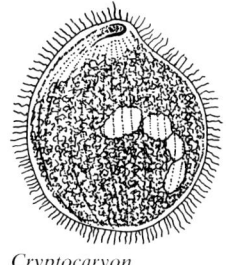

Cryptocaryon

Seewasserichthyo oder *Cryptocaryon irritans*

Cryptocaryon irritans oder Seewasserichthyo ist bei tropischen Meeresfischen die wahrscheinlich am häufigsten vorkommende Krankheit, genauso wie ihr Gegenstück *Ichthyophthirius multifiliis* bei tropischen Süßwasserfischen.* Sie wird ausgelöst durch Wimpertierchen.

Zum Glück läßt sich diese Infektion an den typischen weißen Punkten an Haut, Flossen und Kiemen leicht erkennen. Anfangs sieht man nur einige weiße Punkte über den ganzen Körper verstreut, die sich später jedoch teilen und die Fische gehäuft befallen (siehe *Abb. 33–36*).

Die Infektion tritt meist nach einer drastischen (vorübergehenden) Veränderung des Wassermilieus, wie z. b. Überhitzung oder Abkühlung etwa durch einen defekten Wasserheizer oder einen Stromausfall, auf; zu starke Abkühlung oder Temperaturschwankungen in dem Raum, in dem sich das Aquarium befindet (typisch für Frühjahr oder Herbst) können ebenso die Ursache sein wie zuviel Ammoniak, Nitrite oder Nitrate, ein zu niedriger pH-Wert oder Säuregrad... Kurzum, eine Vielzahl von Faktoren kann dazu führen, daß der Wirt (Fisch) geschwächt ist und für Parasiten wie *Cryptocaryon irritans* anfällig wird, die fast immer im Aquarienwasser vorhanden sind.

Neben den typischen weißen Punkten zeigt der Fisch manchmal eine vermehrte Schleimabsonderung, Augentrübung, ausgefranste Flossen, Sekundärinfektionen durch Bakterien mit Haut- und Flossenfäule, rote und/oder blasse Hautstellen (siehe *Abb. 34, 36*). Da der Parasit meist als erstes die Kiemen befällt, leidet der Fisch auch unter Atemschwierigkeiten. Die Reizung der Kiemen versucht der Fisch dadurch zu mildern, daß er den Kiemendeckel am Boden, den Korallen u. ä. scheuert. Außerdem hängt er oft an der Oberfläche oder der Einströmöffnung des Filters.

---

* siehe auch: Blasiola, G. (1976): A review of „white spot" *Cryptocaryon irritans*. Marine Aquarist Magazine, 7 (4): 5–14

Bei 100facher mikroskopischer Vergrößerung sind die großen, dunklen kugel- oder kegelförmigen Parasiten (Größe 350–450μ) auf Haut- oder Kiemenabstrichen unschwer zu erkennen (siehe *Abb. 37–39*).
Der weiße Punkt oder die adulte Form des *Cryptocaryon irritans* wird *Trophont* genannt. Im Reifestadium fällt dieser *Trophont* vom Fisch ab und kapselt sich ein. Dieser eingekapselte Punkt oder *Tomont* teilt sich im folgenden in viele (ca. 200) Tochterzellen, die sich ihrerseits zu kleinen, bewimperten Organismen (Größe 35–50μ), *Tomiten* genannt, entwickeln und bald auf der Suche nach einem neuen Wirt (Fisch) ausschwärmen. Sie bohren sich in die Schleimhaut und Kiemen des Wirts und reifen dort zu den typischen adulten weißen Punkten heran. Wenn sie innerhalb von 24 Stunden keinen Wirt finden, sterben sie ab. Eine Behandlung zielt in erster Linie auf die Tötung der Parasiten im ausschwärmenden Tomiten-Stadium ab.

Behandlung

Der erste Schritt ist das Aufspüren eines möglichen „Defekts" der Wasserbeschaffenheit. Sofern das unterbleibt, kann eine Behandlung die Sache nur noch schlimmer machen. Die Kombination von Formaldehyd + Malachitgrün oder Formaldehyd + Kupfersulfat hat sich besser bewährt als Kupfersulfat allein.
Wichtig ist eine ausreichende Dosierung und eine 8- bis 10tägige Behandlung, damit wirklich alle *Tomiten* abgetötet werden. Als Begleittherapie empfiehlt sich ein tägliches Süßwasserbad für die bereits infizierten Fische, dem eventuell Methylenblau zugefügt werden kann. Je schneller die Behandlung einsetzt, desto besser sind die Resultate.
Wird die Krankheit zu spät entdeckt, so muß man gleichzeitig ein antibakteriell wirksames Präparat verabreichen, um Sekundärinfektionen bakterieller Art zu bekämpfen. Nifurpirinol, Chloramphenicol, Linco-Spectin® o. ä. sind wirksame Präparate. Auch mit Chininhydrochlorid lassen sich manchmal gute Resultate erzielen, wenn man das ganze Aquarium einschließlich der niederen Tiere behandeln will.
Der Zusatz von Vitamin C zum Futter (500 mg/100 g Futter) wirkt präventiv und kann zur Heilung einer Seewasserichthyo-Infektion beitragen.
Manche Aquarianer raten zu Quinacrin (Mepacrin®, Atabrin®), obgleich die Resultate nicht sehr überzeugend sind.

Abb. 33
Vereinzelte weiße
Punkte, *Cryptocaryon
irritans*, an einem
Acanthurus japonicus.

Abb. 34
Gehäuft auftretende
weiße Punkte mit
Hautreizung, vermehr-
ter Schleimbildung der
Haut und Augentrü-
bung bei einem ande-
ren *Acanthurus japoni-
cus*.

Abb. 35
Gehäuft auftretende
weiße Punkte, *Crypto-
caryon irritans*, deut-
lich zu erkennen an
einem Glühkohlenfisch
oder Halsband-Ane-
monenfisch *(Amphi-
prion frenatus)*.

53

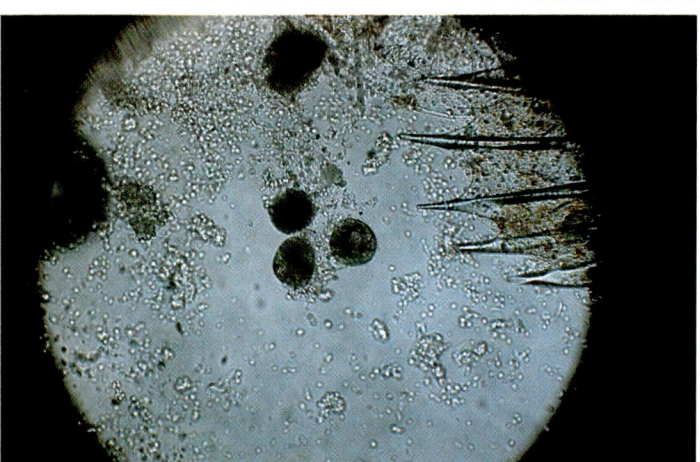

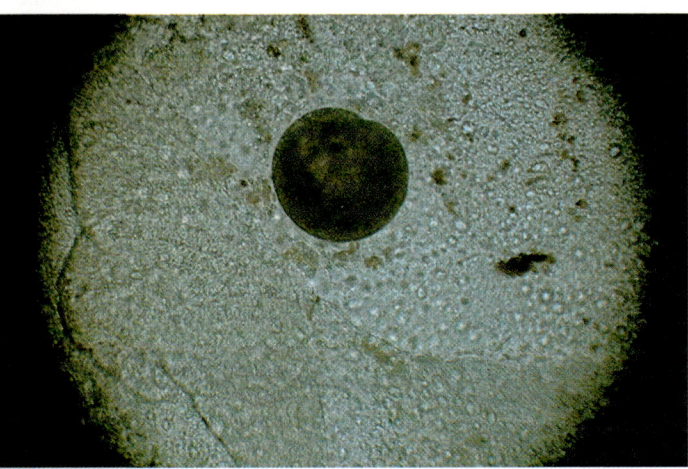

54

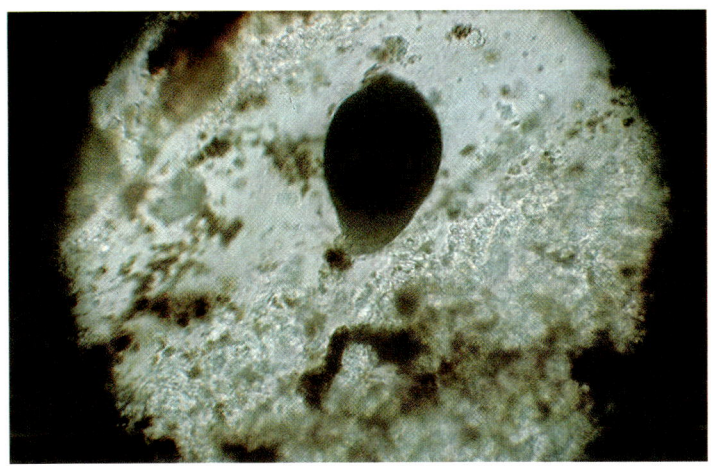

Abb. 39
Birnenförmiger
Cryptocaryon irritans
in Bewegung (200fach
vergrößert).

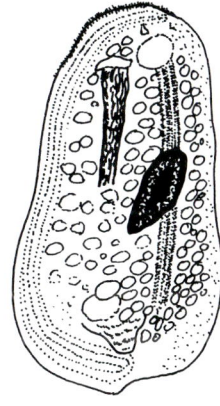

Brooklynella hostilis

Brooklynella hostilis: Hauttrübung

Brooklynella hostilis ist ein recht häufig vorkommender, unterschätzter Parasit bei tropischen Meeresfischen, der in *Chilodonella sp.* sein Pendant bei Süßwasserfischen hat.*

Typische Krankheitssymptome sind Hauttrübung, manchmal mit dicker Schleimschicht, die in Fetzen herunterhängen kann, Augentrübung, erschwerte Atmung bei geöffneten Kiemendeckeln (siehe *Abb. 40–44*). Die erkrankten Fische werden apathisch und freßunlustig, liegen auf dem Boden oder hängen an der Oberfläche und schnappen mit offenem Maul nach Luft. Anfangs ist dem Fisch noch nicht viel anzusehen, doch nach wenigen Tagen kann er deutliche Schwächesymptome zeigen, mühsam atmen und starke Hauttrübungen aufweisen. Dieser Parasit kommt manchmal in geringer Zahl bei gesunden Fischen vor. Werden diese plötzlich Streß in Form von schlechten Milieufaktoren, Kämpfen, einseitiger Fütterung o. ä. ausgesetzt, so kann dies ihre Widerstandskraft schwächen und sie sehr anfällig für diesen Parasitenbefall machen. Die *Brooklynella*-Parasiten treten sehr schnell massenhaft auf, da sie sich durch Zellteilung rasch vermehren und dem Fisch dann großen Schaden zufügen können. Stark befallene Fische weisen folglich auch Sekundärinfektio-

---

* siehe auch: Lom, J. & Nigrelli, R. (1970): *Brooklynella hostilis* n. g. n. sp., a Pathogenic Cyrtophirine Ciliate in Marine Fishes. Journal of Protozoology, 17 (2): 224–232

Blasiola, G. (1980): Disease Prevention and Control: *Brooklynella*, a protozoan parasite of marine fishes... Freshwater and Marine Aquarium (FAMA) Magazine Vol. 3, Nr. 6

nen durch Bakterien mit roten Hautflecken und -wunden, Haut- und Flossenfäule auf (siehe *Abb. 41, 42*). An den Kiemen zeigen sich typische Blutungen. Die Überlebenschancen sind dann entsprechend geringer.

Die Parasiten treten zunächst im Kiemenbereich auf, verbreiten sich aber rasch massenhaft über die ganze Haut.

Auf Haut- oder Kiemenabstrichen sind die ziemlich großen (50–80 µ) bohnen- oder nierenförmigen Ciliata leicht zu erkennen (siehe *Abb. 45–48*). Sehr typisch für diesen Parasiten ist, daß er das Gewebe umkreist und sich mit einer Art Haftapparat darauf festsetzt.

Behandlung

Sehr bewährt hat sich die Kombination von Formaldehyd + Malachitgrün.

Quinacrin zeigt manchmal ebenfalls gute Resultate, kann für schwächere Fische allerdings toxisch sein. Kupfersulfat empfiehlt sich wegen der geringen Wirkung auf *Brooklynella* nicht. Neben der Behandlung des Aquariums sollte man die kräftigeren Exemplare auch mit Süßwasserbädern behandeln, damit möglichst viele Parasiten am Fisch selbst getötet werden.

Um Sekundärinfektionen durch Bakterien zu verhindern oder zu bekämpfen, müssen gleichzeitig antibakterielle Medikamente wie z.B. Nifurpirinol, Neomycin, Chloramphenicol, Sulfonamide oder Linco-Spectin® verabreicht werden. Je früher die Behandlung einsetzt, desto bessere Resultate lassen sich erzielen.

Brooklynella-Infektion bei einem Schwarzen Preußenfisch *(Dascyllus trimaculatus)* mit Hauttrübung, Schuppenverlust, Farbverlust und Augentrübung.

Abb. 41

Brooklynella-Infektion mit Hauttrübung, roter Hautwunde sowie Flossenfäule (bakterielle Sekundärinfektion) bei einem Schwarzen Preußenfisch *(Dascyllus trimaculatus)*.

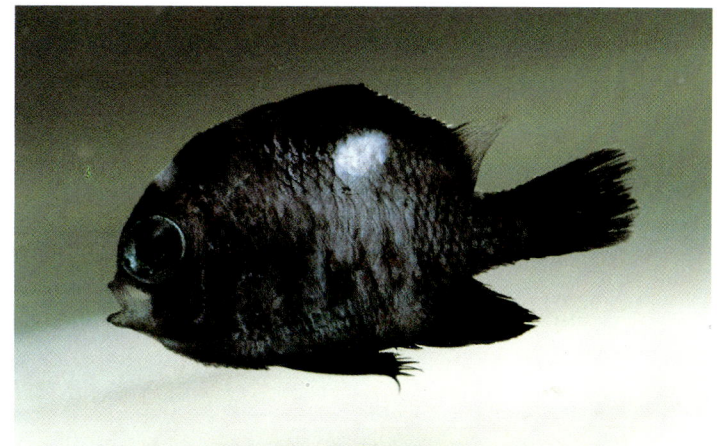

Abb. 42

Weit fortgeschrittene *Brooklynella*-Infektion mit bakterieller Sekundärinfektion (Flossenfäule, Hautwunde) bei einem verendenden Schwarzen Preußenfisch *(Dascyllus trimaculatus)*.

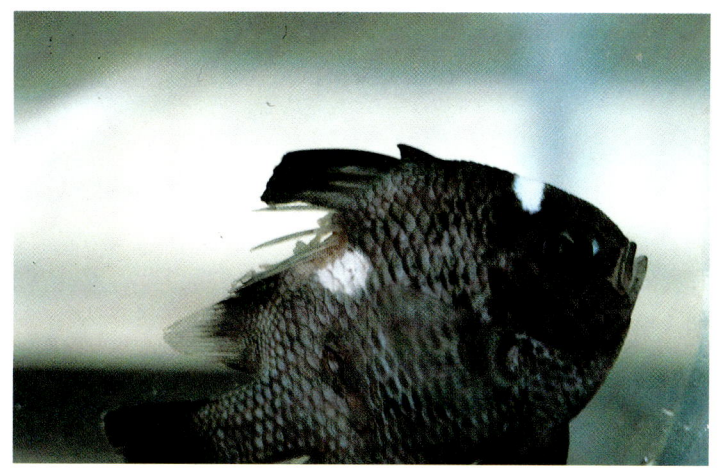

Abb. 43

Antennenfeuerfisch *(Pterois antennata)* mit Abmagerungserscheinungen, Farbverlust und Hauttrübung, verursacht durch eine *Brooklynella*-Infektion.

Abb. 44

Gewöhnlicher Fledermausfisch *(Platax orbicularis)* mit kaum erkennbarer Hauttrübung und Abmagerung, verursacht duch eine *Brooklynella*-Infektion.

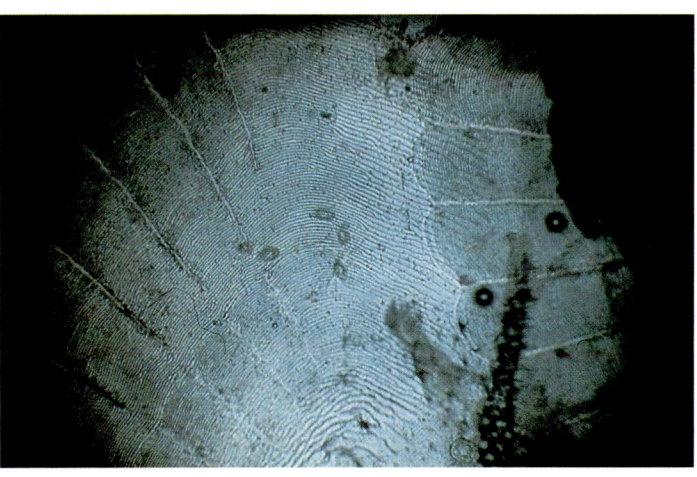

Abb. 45

Vereinzelte *Brooklynella hostilis* auf den Schuppen eines Hautabstrichs (100fach vergrößert).

58

Abb. 46
Zahlreiche *Brookly-
nella*-Parasiten am
Rand einer Schuppe
(200fach vergrößert).

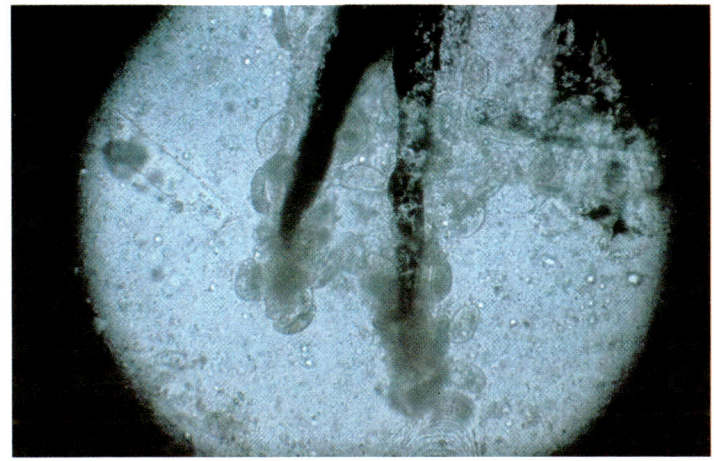

Abb. 47
Zwei *Brooklynella ho-
stilis* mit ihrer typi-
schen ovalen Form
(200fach vergrößert).

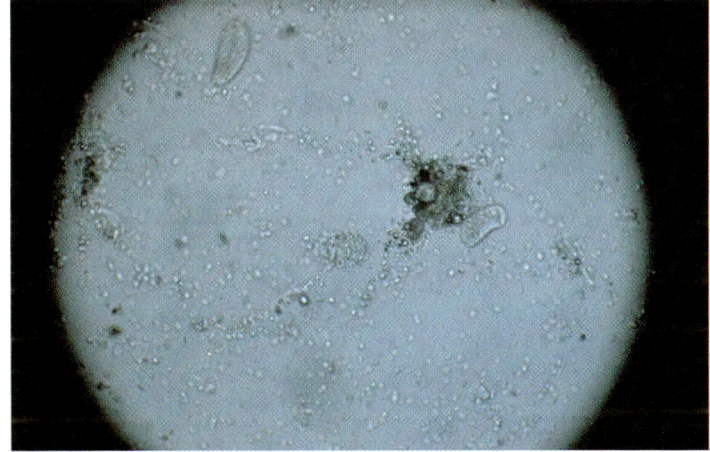

Abb. 48
Durchscheinender Pa-
rasit, *Brooklynella ho-
stilis*, am Ende einer
Kiemenfaser (200fach
vergrößert).

Uronema marinum

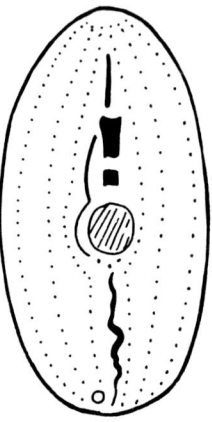

Uronema marinum ist das Meerwasserpendant zu *Tetrahymena pyriformis* bei Süßwasserfischen.*
Dieser bewimperte Parasit tritt häufig bei geschwächten Fischen auf, vor allem bei frisch importierten Tieren, die unter sehr schlechten Bedingungen transportiert wurden. Für den bereits geschwächten Fisch kann diese parasitäre Infektion verhängnisvolle Folgen haben, so daß eine Heilung so gut wie ausgeschlossen ist.
Typische Symptome sind geschwürartige Wunden oder blutige Hautstellen, die auf den ersten Blick auf eine bakterielle Infektion hindeuten. Folglich wird diese Erkrankung häufig falsch diagnostiziert oder mit antibakteriellen Medikamenten falsch behandelt.
In der Anfangsphase einer *Uronema*-Infektion können sich einzelne Schuppen unter vermehrter Schleimabsonderung aufstellen. Der Fisch scheuert sich am Boden oder an den Korallen und atmet beschleunigt. In späteren Stadien zeigen sich blasse oder rote, blutige Stellen, die sich im Endstadium zu großen Wunden entwickeln. In diesem letzten Stadium ist eine Heilung praktisch ausgeschlossen (siehe *Abb. 49–55*).

Uronema marinum ist

Uronema marinum kommt in Meerwasser vor und scheint von abgestorbenem Gewebe und Bakterien zu leben; naturgemäß tritt dieser sogenannte „Aufräumer" auch häufig auf toten Fischen auf. Meeresfische, die 24 bis 48 Stunden in Wasser mit zu niedrigem pH-Wert, viel Ammoniak und organischem Abfall, einer geringen Konzentration an gelöstem Sauerstoff u. ä. transportiert werden, sind offenbar ein idealer Nährboden für diesen fakultativen Parasiten. Unter diesen Verhältnissen ernährt er sich von angegriffenem Gewebe und nimmt die Gelegenheit wahr, sich (durch Zellteilung) rasch zu vermehren, wonach er auch gesundes Gewebe befällt. Er dringt tief in das darunterliegende Muskelgewebe ein und richtet dort irreparable Schäden an. Daneben ist der Parasit auch in den Kiemen anzutreffen, was dem Fisch infolge der geschädigten Kiemenzellen das Atmen erschwert. Allein schon die schwere Infektion der Kiemen kann zum Tod des Fisches (durch Ersticken infolge mangelnden Gasaustauschs und mangelnder Sauerstoffaufnahme) führen, während die Haut keine Auffälligkeiten aufweist. Dies kommt auch bei der *Brooklynella*-Infektion vor, ist jedoch dort kein allgemein auftretendes Phänomen.
Neben den pathologischen Erscheinungen zeigt der Fisch ein anor-

* siehe auch: Cheung, P., Nigrelli, R. and Ruggieri, G. (1980): Studies on the morphology of *Uronema marinum* (Ciliatea: URONEMATIDAE) with a description of the histopathology of the infection in marine fishes. Journal of Fish Diseases 3, 295–303
Bassleer, G. (1983): Disease Prevention and Control. *Uronema marinum*, a new and common parasite on tropical marine fishes. Freshwater and Marine Aquarium (FAMA) Magazine, Vol. 6, Nr. 12

males Verhalten, scheuert sich am Boden, klemmt die Flossen, liegt auf dem Boden, schwimmt an der Oberfläche herum und schnappt nach Luft.

Sekundärinfektionen durch Bakterien sind infolge dieser Schäden kaum zu vermeiden. Auf Haut- oder Kiemenabstrichen läßt sich der Befall anhand der riesigen Zahl kleiner ovaler, sich schnell bewegender Parasiten, die wild durcheinanderwimmeln und sich in das Gewebe bohren, mühelos nachweisen. *Uronema marinum* hat praktisch die gleiche Größe (35–50μ) wie *Tetrahymena* bei Süßwasserfischen (siehe *Abb. 56, 57*).

Behandlung

Die Behandlung muß in erster Linie darauf abzielen, die noch nicht stark befallenen Fische zu retten.

Wirksam sind vor allem Formaldehyd + Malachitgrün oder Malachitgrün allein. Auch Quinacrin (Atabrin®, Mepacrin®) haben sich zuweilen bewährt. Kurze Bäder mit hochkonzentriertem Methylenblau können ebenfalls helfen. Eine weitere Möglichkeit sind Süßwasserbäder.

Eine Kombination verschiedener Methoden kann manchmal Wunder wirken. Ein Beispiel: Man behandelt das Aquarium mit Formaldehyd + Malachitgrün, setzt die Fische fünf Tage lang täglich für 3 bis 10 Minuten in ein Süßwasserbad und gibt sie danach für 20 Minuten in ein Meerwasserbad mit hochkonzentrierter Methylenblaulösung. Danach werden die Fische wieder in das desinfizierte Aquarium gesetzt. Manchmal muß man parallel dazu noch zu antibakteriellen Medikamenten greifen. Diese können entweder ins Aquarium oder in das Methylenblau-Bad gegeben werden. Empfehlenswert ist die Kombination von Chloramphenicol + Nifurpirinol.

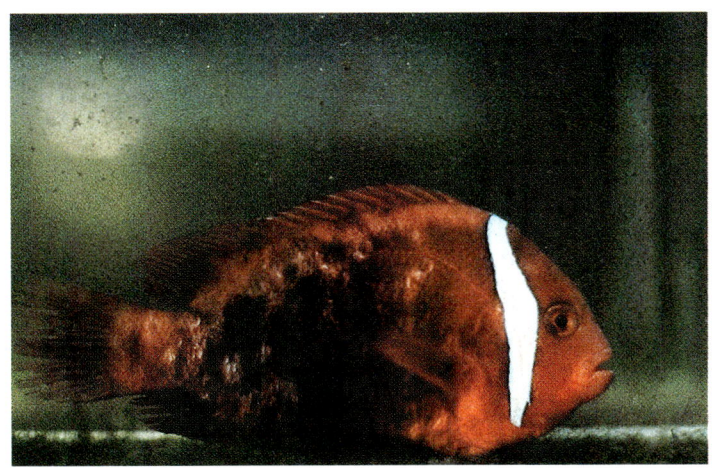

Abb. 49

Glühkohlenfisch oder Halsbandanemonenfisch *(Amphiprion frenatus)* mit blassen Hautflecken, Schuppenverlust und beginnender Schwanzfäule, verursacht durch die parasitäre Infektion *Uronema marinum*.

Abb. 50

Weihnachtslippfisch *(Halichoerus biocellatus)* mit blassen Hautflecken und Hauttrübung, verursacht durch eine *Uronema*-Infektion.

Abb. 51

Brauner Samtkorallenfisch *(Premnas biaculeatus)* mit blassen Hautwunden an verschiedenen Stellen, verursacht durch eine *Uronema*-Infektion.

Abb. 52

Wimpelfisch *(Heniochus acuminatus)* mit blassem Hautfleck am Rücken und roter Hautwunde am Bauch, beide verursacht durch eine *Uronema*-Infektion.

Abb. 53

Gelber Zwergkaiser-
fisch *(Centropyge fla-
vissimus)* mit blutigem
Hautfleck, der sich
über Haut und Rük-
kenflosse ausbreitet,
verursacht durch eine
Uronema-Infektion.

Abb. 54

Zigeuner-Schmetter-
lingsfisch *(Chaetodon
vagabundus)* mit bluti-
ger Hautwunde, verur-
sacht durch eine *Uro-
nema*-Infektion.

Abb. 55

Fadenschmetterlings-
fisch *(Chaetodon au-
riga)* mit blutigem
Hautfleck und ge-
sträubten Schuppen,
verursacht durch eine
Uronema-Infektion.

63

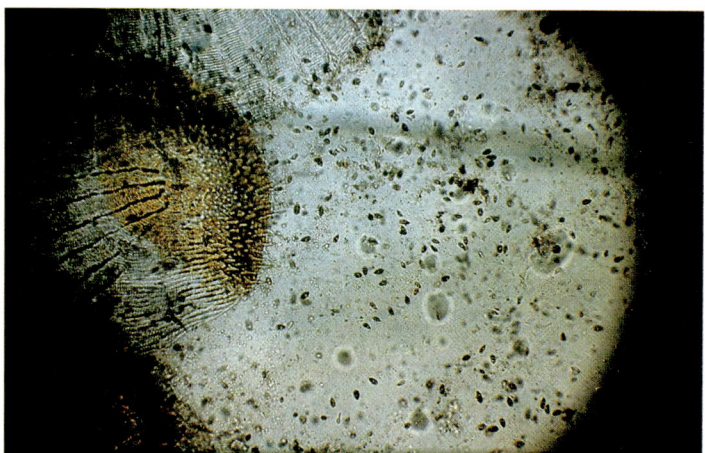

Abb. 56

Hautabstrich mit einer
sehr großen Zahl von
Uronema marinum-Pa-
rasiten (100fach ver-
größert).

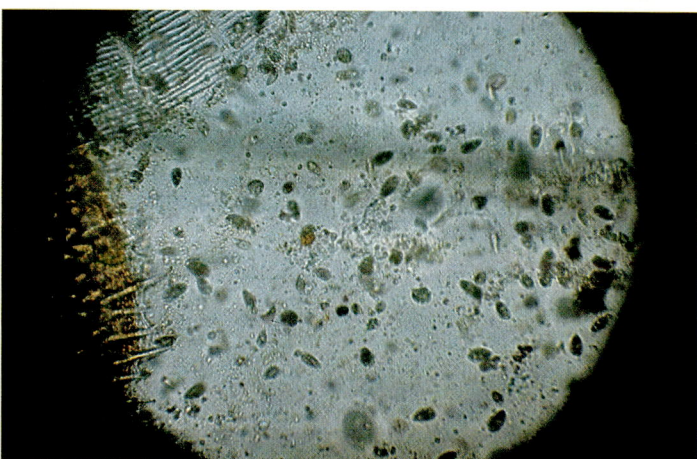

Abb. 57

Viele *Uronema ma-
rinum*-Parasiten mit ih-
rer typischen, scharf-
umrissenen ovalen
Form (200fach vergrö-
ßert).

Trichodina sp.

Trichodina

Gelegentlich findet man bei tropischen Meeresfischen, die in miserablen Umständen gehalten oder importiert werden, *Trichodina*-Arten, die unter demselben Namen bei Süßwasserfischen auftreten. Bei Meeresfischen werden allerdings hauptsächlich die Kiemen befallen, bei Süßwasserfischen eher die Haut. Bei weit fortgeschrittenen Infektionen hat sich der Parasit jedoch ebenfalls auf die Haut ausgedehnt. In geringer Anzahl ist er manchmal auch bei gesunden Fischen anzutreffen, wenn diese großem Streß (z. B. durch schlechte Transportbedingungen) ausgesetzt und dadurch so geschwächt sind, daß ein parasitärer Ausbruch nicht zu vermeiden ist. Viel organischer Abfall, zu niedrige Temperatur, zu niedriger pH-Wert, zu hoher Ammoniakgehalt, zu niedriger Sauerstoffgehalt u. ä. können dazu beitragen.

Typische Symptome sind Atemnot bei geöffnetem Kiemendeckel sowie Hautschäden mit Schuppenverlust und gelegentlich rote, blutige Stellen. Darüber hinaus können die Fische die Flossen klemmen, ein unregelmäßiges Schwimmverhalten an den Tag legen und sich am Boden, an Korallen u. ä. scheuern. Meist sterben die Fische infolge der Zerstörung der Kiemenzellen, die die Atmung behindert und zu Ersticken führt.

Auf Kiemen- oder Hautabstrichen lassen sich die typischen tellerförmigen Parasiten, die sich rasch fortbewegen, leicht aufspüren. Man erkennt den Parasiten bereits bei 100- bis 200facher mikroskopischer Vergrößerung.

Behandlung

Formaldehyd + Malachitgrün, manchmal auch Kupfersulfat, reichen zur Bekämpfung des Parasiten aus, sofern gleichzeitig die Lebensbedingungen des Fisches verbessert werden. Manchmal müssen parallel dazu antibakterielle Medikamente verabreicht werden, um Sekundärinfektionen durch Bakterien zu verhindern oder zu heilen.

Befall durch Sporozoen

Diese Parasiten treten nicht oft bei tropischen Meeresfischen auf. Man findet sie entweder im Körperinneren, in den Organen, oder außen auf der Haut, auf Flossen und Kiemen, in Form von Kügelchen, so etwa *Glugea heraldi.* *

Die Symptome sind Abmagerung und Mißbildungen sowie ein anormales Verhalten. *Glugea heraldi* befällt besonders häufig Seepferdchen. Diese Sporozoa-Infektion verursacht typische Symptome wie z. B. weiße Knötchen oder Einschlüsse in der Haut des Wirtes. Sie tritt allerdings nur selten auf.

Im Anfangsstadium ist sie leicht mit *Cryptocaryon* und in weiter fortgeschrittenen Stadien mit *Lymphocystis* zu verwechseln. Durch Entnahme einer infizierten Gewebe- oder Organprobe lassen sich diese winzigen Parasiten nachweisen, und zwar unter dem Mikroskop bei 300- bis 500facher Vergrößerung.

Behandlung

Bislang gibt es noch keine wirksame Behandlung dieser Krankheit. „Vorbeugen ist besser als Heilen" ist ein Sprichwort, das bei allen Krankheiten Gültigkeit hat, hier jedoch für den Fisch von lebenswichtiger Bedeutung ist. In den meisten Fällen gelangt dieser Parasit durch einen bereits infizierten Fisch oder durch infiziertes Futter zu anderen Fischen.

Sporozoa

---

* siehe auch: Blasiola, G. (1979): *Glugea heraldi* n. sp. from the Seahorse. Journal of Fish Diseases 2, S. 439–450.

5.2 Wurminfektionen

Wurminfektionen, vor allem solche, die von digenen *Trematoden* oder Metacercarien und *Nematoden* verursacht werden, findet man praktisch bei 70 bis 85 % aller untersuchten Meeresfische. Dies ist ein normales, häufig vorkommendes, „natürliches" Phänomen bei Fischen, die, wie praktisch alle Meeresfische, in der freien Natur leben und so Wurminfektionen leicht ausgesetzt sind. In vielen Fällen können sie mit dem Wurmbefall leben, ohne daß schwerwiegende Probleme auftreten. Durch Gefangenschaft, Transport, Streß, Schwächung und Entkräftung kann jedoch die Widerstandskraft des Fisches abnehmen, wodurch eine Wurminfektion schwerwiegende Folgen haben kann. Die richtige Umgebung, Nahrung und Pflege erlaubt es dem Fisch oft, mit seinem Wurmparasiten zu leben. In solchen Fällen ist eine Behandlung nicht nötig.

Haut- und Kiemenwürmer (monogene *Trematoden*) treten nur gelegentlich auf, wohingegen digene *Trematoden*, d. h. *Metacercarien*, ziemlich häufig im Innern tropischer Fische zu finden sind. Auch *Nematoden* (Fadenwürmer) kommen meist im Darm vor, ebenso *Cestodes* (Bandwürmer) und *Acanthocephala* (Kratzer).

Aus Hawaii importierte Meeresfische zeigen manchmal Infektionen, die von kleinen Strudelwürmern namens *Turbellaria* verursacht werden. Auf der Haut sind sie als kleine schwarze Pünktchen erkennbar.

Turbellaria-Infektion oder Schwarzpunkt-krankheit, auch „Schwarzes *Oodinium"* genannt

Turbellaria sind kleine ovale Würmer mit dichtem Wimpernkleid, die manchmal gehäuft auf Meeresfischen leben. Nach meiner Erfahrung sind vor allem Meeresfische aus Hawaii und benachbarten Inseln regelmäßig von dieses Strudelwürmern befallen. Meist sind die schwarzen Pünktchen über den ganzen Körper verteilt (weniger auf den Flossen, manchmal auch auf den Kiemen). Vor allem bei hellfarbigen Fischen wie z. B. dem Gelben Doktorfisch *(Zebrasoma flavescens)* ist dieser Parasit gut zu erkennen (siehe *Abb. 58*).

Turbellaria – oder Strudelwurm

Im Anfangsstadium der Infektion schwimmen die Fische sehr unruhig herum, doch im späteren Verlauf werden sie apathisch. Haut und Augen überziehen sich mit einer trüben Schleimhautschicht, und die Atmung beschleunigt sich. In weit fortgeschrittenen Stadien treten Hautblutungen auf. Sekundärinfektionen durch Bakterien mit Haut- und Flossenfäule sind dann eine meist zwangsläufige Folge.

Wenn man einen Hautabstrich nimmt und ihn auf einen Objektträger (in etwas Meerwasser) aufbringt, kann man die kleinen Würmer (Größe bis 0,5 mm) unter dem Mikroskop deutlich sehen. Schon bei geringer Vergrößerung (50 bis 100fach) ist die ovale Form mit dem dichten Wimpernkleid gut zu erkennen (siehe *Abb. 59, 60*).

Behandlung

Für solchermaßen befallene Meeresfische kommen verschiedene Behandlungsmethoden in Frage:
– täglich einmal 10- bis 15minütige Süßwasserbäder an fünf aufeinanderfolgenden Tagen; oder
– 1 mg/l oder 1 ppm Trichlorfon an drei aufeinanderfolgenden Tagen; oder
– 2 g/100 l Pikrinsäure, eine Stunde lang.

Abb. 58

Schwarzpunktinfektion, auf der Seite deutlich erkennbar, bei einem Gelben Segel-Doktorfisch *(Zebrasoma flavescens)*.

Abb. 59

100fache mikroskopische Vergrößerung von drei schwarzen Punkten oder *Turbellaria*-Würmern auf einem Flossenstück.

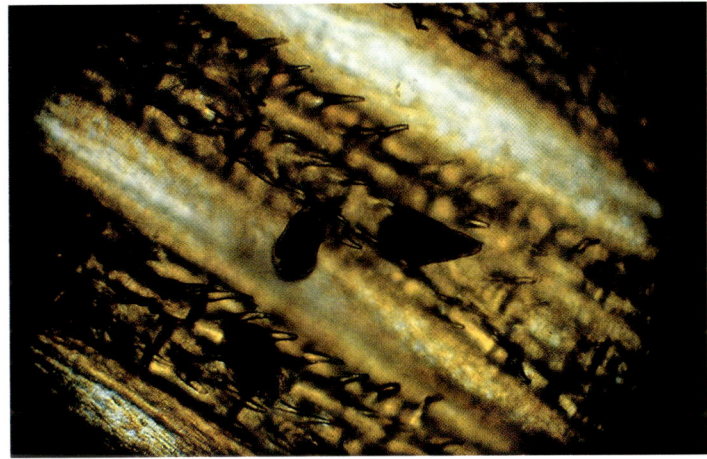

Abb. 60

200fache mikroskopische Vergrößerung eines *Turbellaria*- oder Strudelwurms.

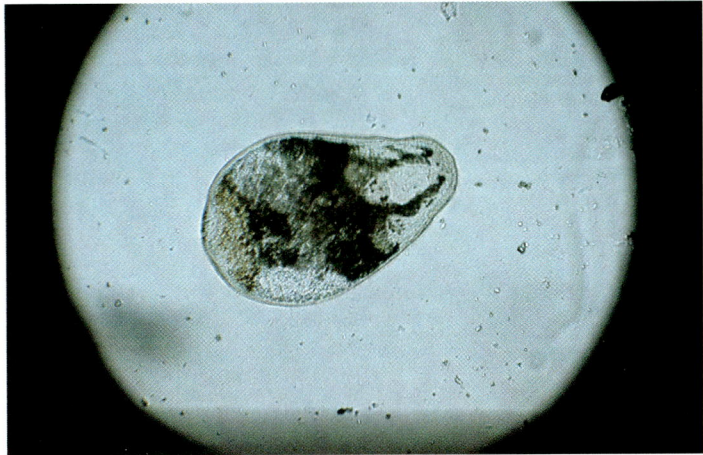

69

Haut- und Kiemenwürmer: monogene *Trematoden* (Lebenszyklus ohne Zwischenwirt)

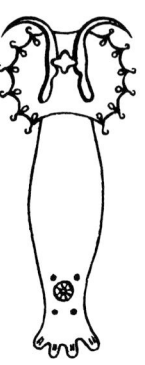

Kiemenwürmer kommen in erster Linie bei manchen tropischen Meeresfischen wie z. B. Schmetterlingsfischen (*Chaetodon, Forcipiger, Chelmon, Heniochus* u. a.) sowie Kaiserfischen (*Holacanthus, Centropyge, Pomacanthus* u. a.) vor. Allerdings ist es keine so häufig vorkommende Infektion, wie manchmal behauptet wird.

Findet man nur einzelne Kiemenwürmer, so kann der Fisch noch nicht sehr geschädigt sein. Die Gefahr besteht jedoch, daß sie sich schnell ausbreiten und (mit ihren Haken) das Kiemengewebe ernstlich schädigen, wozu dann noch eine Sekundärinfektion durch Bakterien kommen kann, so daß die Fische schließlich den „Erstickungstod" sterben. Auch Hautwürmer, die zu den monogenen *Trematoden* gehören, wie z. B. *Benedennia sp.*, treten gelegentlich auf. Kiemenwürmer wie *Cleiodiscus, Dactylogyrus* u. a. sind jedoch viel häufiger.

Kiemenwurm oder Trematode

Typische Krankheitssymptome sind Atemnot, geöffnete Kiemendeckel, An-der-Oberfläche-Hängen und Luftschnappen, Auf-dem-Boden-Liegen, Abmagerung, Scheuern (mit dem Kiemendeckel) am Boden, den Korallen o. ä. (siehe *Abb. 61*).

Unter dem Mikroskop kann man auf Haut- oder Kiemenabstrichen, im Gewebe festgehakt, die sich krümmenden Würmchen (Größe 0,05 bis 1,0 mm) sehen. Eine 100fache Vergrößerung genügt dafür schon (siehe *Abb. 62, 63*).

Behandlung

Die befriedigendsten Resultate lassen sich mit Trichlorfon (Masoten®, Neguvon®, Dylox®) erzielen, obwohl es auf tropische Fische sehr toxisch wirken kann. Daher muß man die Fische während der Behandlung genau beobachten. Formaldehyd in Form eines kurzen Bades bietet ebenfalls eine gute Chance, die Parasiten abzutöten. Dabei kann für den Fisch allerdings eine Streßsituation entstehen, die ihn sehr schwächt.

Eine weitere und obendrein sehr einfache und wirksame Behandlung ist ein Süßwasserbad.

Es kann ratsam sein, gegen mögliche Sekundärinfektionen durch Bakterien ein antibakterielles Präparat zu verabreichen.

Abb. 61

Abmagerung bei einem Netzkorallenschmetter-lingsfisch (*Chaetodon xanthurus*) mit einer Kiemenwurminfektion.

Abb. 62

Kiemenwürmer (3) oder monogene *Trematoden*, im Kiemengewebe festgehakt (100fach vergrößert).

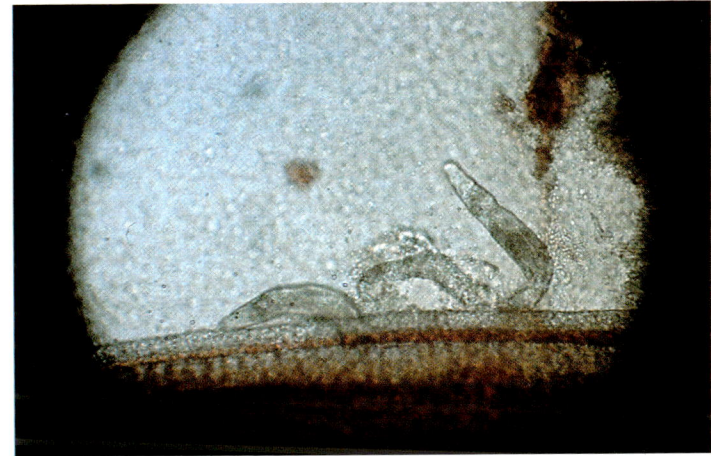

Abb. 63

Typisch erkennbarer beweglicher Kiemenwurm, im Kiemengewebe festgehakt (100fach vergrößert).

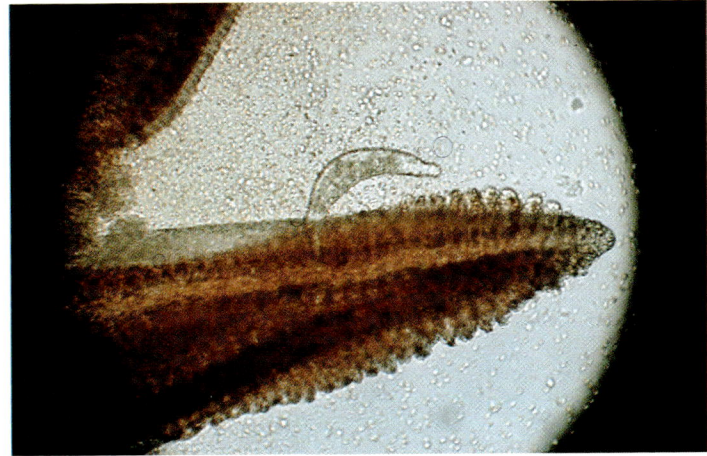

Innere Wurminfektionen

Digene *Trematoden* (oder Metacercarien = Larvenstadium) und *Nematoden* (Fadenwürmer) finden sich hauptsächlich im Darm, in der Leber und im Mesenterium (Gekröse) tropischer Meeresfische. Daneben treten gelegentlich auch, wenngleich in geringerem Umfang, *Cestodes* (Bandwürmer) oder *Acanthocephala* (Kratzer) auf.

Bei etwa 70 bis 85 % der aus den Philippinen, Indonesien, Sri Lanka, Hawaii, der Karibik, Australien, dem Roten Meer etc. importierten tropischen Meeresfische findet man die eine oder andere innere Wurminfektion. Das ist ein sozusagen natürliches, normales Erscheinungsbild bei in der freien Natur gefangenen Meeresfischen, die immer auf die eine oder andere Weise mit Würmern in Berührung kommen. Meist geschieht dies durch den Verzehr kleinerer Meerestiere (Garnelen, Krebse, Plankton o. ä.), die mit einer Larve oder dem Ei des Wurms infiziert sind. In den meisten Fällen verursachen die Würmer geringen Schaden, was sich allerdings rasch ändern kann, wenn die Parasiten sich stark vermehren oder wenn der Fisch durch schlechte Haltung (Transport, falsche Ernährung, Krankheit o. ä.) sehr geschwächt ist. Dies kann zur Entkräftung des Fisches bis hin zum Tod führen.

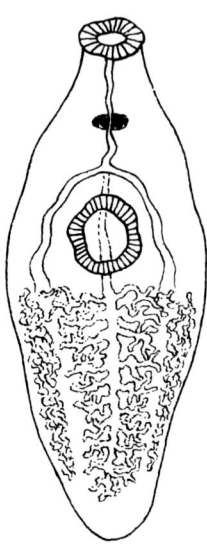

Digener Trematode oder Metacercarie

Typische Krankheitssymptome sind Abmagerung, gute Freßlust zu Beginn der Infektion, die sich aber mit dem Fortschreiten der Krankheit verringert, Scheuern am Boden, den Korallen o. ä. und apathisches Verhalten. In fortgeschrittenerem Stadium können sich Sekundärinfektionen durch Bakterien einstellen, die zum raschen Verfall des Fisches führen (siehe *Abb. 64, 66, 70, 71*).

Diese inneren Wurminfektionen kommen auch bei Süßwasserfischen vor; bei ihnen sind Haut- und Kiemenwürmer häufiger als bei tropischen Meeresfischen, *Cestodes* dagegen seltener.

Diese im Körper lebenden Würmer lassen sich bei einer Untersuchung der inneren Organe (Darm, Leber, Bauchhöhle) nachweisen (sihe *Abb. 70–72*). *Nematoden* oder Fadenwürmer sind an ihrer typischen Fadenform am leichtesten zu erkennen; ihre Länge schwankt zwischen 0,5 und mehreren Millimetern. Die *Metacercarien* oder Larven digener *Trematoden* (Plattwürmer) dagegen sind von ovaler, platter Form mit Saugnäpfen, die zum Festhalten oder zur Nahrungsaufnahme dienen. Ihre Größe schwankt zwischen 0,1 und 2 mm (siehe *Abb. 64–69*).

Cestodes oder Bandwürmer sind meist länger und haben eine gegliederte Struktur. *Acanthocephala* (Kratzer) besitzen einen typischen Hakenrüssel (Proboscis) der im Darm großen Schaden anrichten kann. Ihre Länge schwankt zwischen 0,1 und mehreren Millimetern, bei *Cestodes* sogar mehreren Zentimetern.

Die mikroskopische Untersuchung erfolgt am besten bei 50- bis 100facher Vergrößerung.

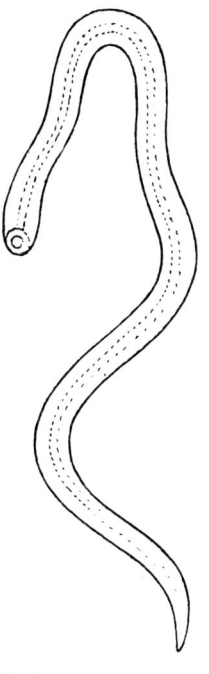

Fadenwurm oder Nematode

Behandlung

Zunächst einmal müssen die Fische durch gute, artgerechte Lebensbedingungen so gesund wie möglich gehalten werden. Manchmal kommt man nicht umhin, Medikamente zusammen mit der Nahrung zu verabreichen, in der Hoffnung, daß der Fisch noch frißt. Dafür kommen Piperazin, Thiabendazol, Mebendazol, Praziquantel, Niclosamid oder Levamisol in Frage.

Abb. 64

Schuppenverlust, blasse Hautflecken und Flossenfäule als bakterielle Sekundärinfektion mit Abmagerung bei innerer Wurminfektion bei einem Halsband-Schmetterlingsfisch *(Chaetodon collare)*, verursacht durch digene *Trematoden* (Metacercarien).

Abb. 65

Digene *Trematoden* oder Metacercarien mit ihren beiden typischen Saugnäpfen. Der eine ist in Kriechbewegung im Darm ausgestreckt.

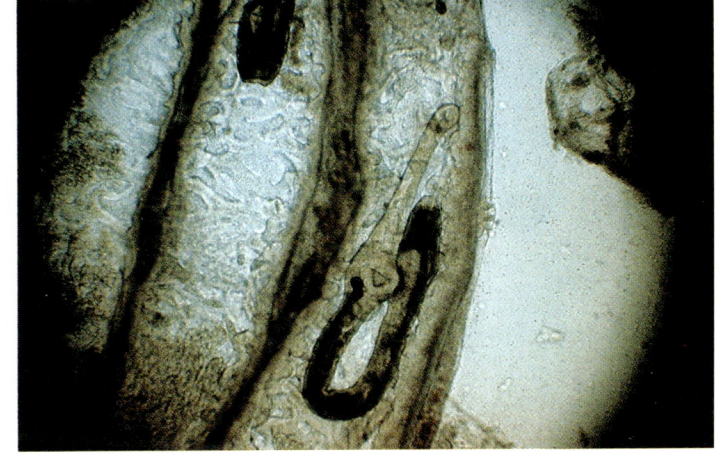

73

Abb. 66

Blaustreifenschläfergrundel (*Eleotriodes strigatus*) mit ausgefransten Flossen und extremer Abmagerung infolge einer inneren Wurminfektion mit digenen *Trematoden* oder *Metacercarien*.

Abb. 67

Weiße Pünktchen in den Flossenstrahlen der Brustflosse eines Gelbrandengelfischs *(Holacanthus isabelita)*, verursacht durch eingekapselte Metacercarien (digene *Trematoden*).

Abb. 68

100fache Vergrößerung der Brustflosse mit ihren Flossenstrahlen und eingekapselten digenen *Trematoden* oder Metacercarien.

74

Abb. 69

Schwarze Flecke oder Punkte im Haut- oder Muskelgewebe eines Orangehalspapageifischs *(Bolbometopon bicolor)*, verursacht durch eingekapselte digene *Trematoden* oder Metacercarien.

Abb. 70

Masken-Pinzettenfisch *(Forcipiger flavissimus)* mit Abmagerungserscheinungen, verursacht durch eine innere Wurminfektion mit *Nematoden* (Fadenwürmer).

Abb. 71

Ausgewachsener Spiegelflecklippfisch *(Coris angulata)* mit Abmagerungserscheinungen und bakterieller Sekundärinfektion (Flossenfäule, blasse und rote Hautflecke), ursprünglich verursacht durch eine innere Wurminfektion mit *Nematoden* (Fadenwürmer).

75

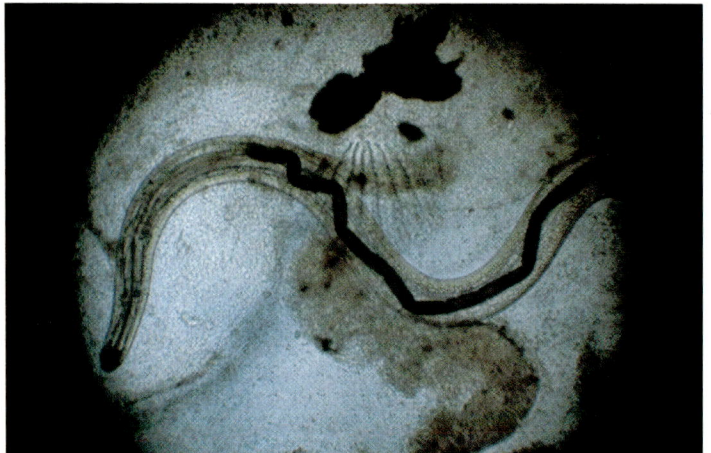

Abb. 72
Ein *Nematode* oder Fadenwurm (*Camallanus*-Typ) im Darm des Spiegelflecklippfischs *(Coris angulata)*.

5.3 Parasitäre Krebstiere *(Crustaceae)*

Wie Süßwasserfische werden auch Meeresfische von einer Fischlaus namens *Livoneca sp.* befallen, die große Ähnlichkeit mit der bei tropischen Süßwasserfischen aus Südamerika (vor allem Brasilien und Kolumbien) anzutreffenden aufweist. Auch der Copepodembefall, der bei Meeresfischen *Lernaeascus sp.* genannt, hat in *Lernaea sp.* seine Entsprechung bei Süßwasserfischen.

Diese parasitären Infektionen sind typisch für frisch importierte Meeresfische, vor allem aus Südostasien.

Beide Parasiten sind deutlich erkennbar an ihrer grotesken Erscheinung auf der Haut des Fisches; Begleiterscheinungen sind von ihnen verursachte Wunden sowie Sekundärinfektionen durch Bakterien. Außerdem sind die infizierten Fische stark abgemagert, nervös oder manchmal auch apathisch.

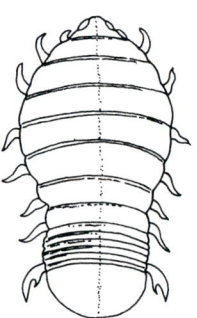

Livoneca sp.

Behandlung

Neben dem Töten des Parasiten zielt die Behandlung darauf ab, eventuell freischwimmende Larven ebenfalls abzutöten, um eine Neuinfizierung und/oder Ausbreitung des Parasiten zu verhindern. *Livoneca sp.* entfernt man am besten mit der Hand oder mit einer Pinzette. Beim *Lernaeascus sp.*, nützt diese Methode nichts, da er zu einem Drittel im Körper seines Wirts (Fisch) verankert ist. Mit Hilfe von Trichlorfon (100 mg/100 l) läßt sich der Parasit (und die Larve) töten. Den toten *Lervaeascus sp.* kann man mit einer Pinzette vorsichtig entfernen. Manchmal fällt er auch von selbst ab. Auch bei einem *Livoneca*-Befall verwendet man am besten Trichlorfon, um eventuelle Larven mitzutöten.

Es kann nützlich sein, ein antibakterielles Präparat gegen eventuelle bakterielle Infektionen zu verabreichen.

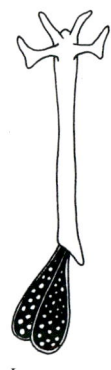

Lernaeascus sp.

76

Abb. 73
Blaue Demoiselle
(Abudefduf cyaneus)
mit Fischlaus (*Livo-
neca*-Typ) am Rücken.

Abb. 74

*Genicanthus melano-
spilus* mit einem *Ler-
naeascus*-Parasiten als
„schwarzen Wurm" am
Rücken und einer vom
gleichen Parasiten ver-
ursachten Wunde.

Die Behandlung der Krankheiten im Überblick

1. Grundsätzliche Hinweise

Bei der Behandlung von Meeresfischerkrankungen sind folgende *wichtige Punkte* zu beachten:

– Je schneller die Krankheit entdeckt wird, desto größer sind die Heilungschancen.
– Es muß untersucht werden, ob möglicherweise ein Milieufaktor die eigentliche Problemursache ist (z. B. zu niedriger pH-Wert, zuviel Ammoniak oder Nitrit, zu wenig gelöster Sauerstoff etc.).
– Soll ein antibakterielles Medikament verabreicht werden, so ist es ratsam, den Fisch in ein gesondertes Behandlungsbecken zu setzen.
– Niedere Tiere müssen manchmal aus dem Aquarium entfernt werden (z. B. bei der Behandlung mit Kupfersulfat oder Trichlorfon).
– Vor der Behandlung sollten 20 bis 35 % des Aquariumwassers ausgewechselt werden.
– Während der medikamentösen Behandlung im Aquarium darf kein Aktivkohlefilter verwendet werden.
– Der genaue Inhalt des Aquariums muß bekannt sein, um die Dosis des Medikaments auf das tatsächliche Wasservolumen abstimmen zu können.

Wie bereits im Kapitel „Krankheiten bei Meeresfischen: Welche Faktoren spielen eine Rolle?" erwähnt, muß als allererstes die Wasserqualität auf mögliche Faktoren hin untersucht werden, die sich nachteilig für den Fisch auswirken können (z. B. in Form von Streß). Ein zu niedriger pH-Wert oder ein Überschuß an Ammoniak oder Nitrit kann zur Schwächung des Fisches und einer erhöhten Krankheitsanfälligkeit führen.
Weist unsere Diagnose aus, daß wir es tatsächlich mit einer von Viren, Bakterien, Pilzen oder Parasiten hervorgerufenen Infektion zu tun haben, so ist als nächstes das richtige Medikament zur Behandlung der erkrankten Fische auszuwählen. Dabei steht man vor der Entscheidung, ob gleichzeitig das ganze Aquarium mitbehandelt werden soll. Wenn wir unser Heimaquarium samt biologischem Filter mit einem antibakteriellen Mittel behandeln, so besteht

die Möglichkeit, daß außer den „schlechten" Bakterien auch die „guten", nitrifizierenden Bakterien abgetötet werden. Deshalb kann es manchmal ratsam sein, die Fische in ein *Behandlungsbecken* zu setzen. Dieses muß mit den nötigen Versteckplätzen, Sand, einem Außenfilter (nur mit Filterwatte), einer Luftpumpe und einem Heizelement oder Thermostat auf den jeweiligen Patienten abgestimmt sein. Wenn es nicht möglich ist, die kranken Fische mit dem Netz herauszufischen, dann läßt es sich manchmal nicht vermeiden, das gesamte Aquarium mit einem antibakteriellen Mittel zu behandeln. In diesem Fall muß das Aquarienwasser regelmäßig auf eventuelle Schwankungen der Ammoniak- und/oder Nitritkonzentration hin untersucht werden. Nach 3 bis 4 Tagen muß ein großer Teil des Wassers ausgetauscht werden. Auch während der Medikation im Behandlungsbecken muß das Wasser fast täglich teilweise gewechselt und das Medikament gleichzeitig nachdosiert werden.

Nach meiner Erfahrung ist ein *kürzeres oder längeres Bad* die beste Behandlungsmethode. Darunter ist z. B. ein 5- bis 15minütiges Süßwasserbad zu verstehen oder der Zusatz von Chloramphenicol und Nitrofuran im Wasser für 3 bis 4 Tage. Manchmal kann man das *Medikament im Futter* verabreichen, obwohl dann nicht immer sicher ist, ob die Fische es auch wirklich aufnehmen und ob sie eine ausreichende Dosis erhalten. Wird das Medikament ins Wasser gegeben, so besteht die Möglichkeit, daß die Fische eine bestimmte Menge davon trinken. Meeresfische trinken bekanntlich Seewasser, um ihren Flüssigkeitshaushalt aufrechtzuerhalten.

Von Injektionen rate ich ab wegen des Stresses, der dem kranken (und damit geschwächten) Fisch dabei zugefügt wird. Hinzu kommt noch, daß das einige Kenntnisse und Erfahrung erfordert.

Manchmal kann man antibakterielle Medikamente miteinander kombinieren, um der bakteriellen Infektion wirksamer beizukommen. Dies gilt auch für die Behandlung einer parasitären Infektion bei einer gleichzeitigen Sekundärinfektion durch Bakterien. Bei einer *Cryptocaryon*-Infektion beispielsweise kann sich der Fisch infolge von parasitär geschädigten Haut- und Kiementeilen sowie aufgrund seines geschwächten Zustands eine Sekundärinfektion durch Bakterien zuziehen. In einem solchen Fall müssen nicht nur der Parasit, sondern auch die Bakterien bekämpft werden (z. B. mit Formaldehyd + Malachitgrün + Chloramphenicol + Nifurpirinol. Die in Frage kommenden Behandlungsarten werden bei der Schilderung der einzelnen Krankheiten und ihrer Behandlung erörtert.

Kupfersulfat darf jedoch nie mit Neomycin und/oder Sulfonamiden kombiniert werden, da dies zu Vergiftungen führen könnte.

2. Antibakterielle Medikamente

Wie bereits im Kapitel „Bakterielle Infektionen" erwähnt, ist es für die meisten Halter von tropischen Meeresfischen schwer, die spezielle Bakterienart zu bestimmen, an der ihre Fische erkrankt sind. Wenn unsere tropischen Meeresfische krank sind, wollen wir so schnell wie möglich etwas tun, damit sie wieder gesund werden. Deshalb sollte man antibakterielle Medikamente verwenden, die die bakterielle Infektion „hoffentlich" eindämmen. Falls möglich, kann man auch Kombinationspräparate verabreichen, um die Bakterien auf breiter Front abzutöten oder zu bekämpfen (z. B. Chloramphenicol + Nifurpirinol oder Neomycin + Sulfonamide). Zeigt der Fisch während der Behandlung mit einem spezifischen Medikament (oder einem Kombinationspräparat) nach 3 bis 5 Tagen keine Besserung, dann sollte die Krankheitsursache daraufhin genauer erforscht werden, ob andere, nichtbakterielle Erreger wie z. B. Parasiten (*Brooklynella, Uronema* o. ä.) in Frage kommen. Es kann aber auch sein, daß wir es mit Bakterien zu tun haben, die auf die bereits verabreichten antibakteriellen Präparate nicht ansprechen oder dagegen resistent sind. Dann muß ein anderes antibakterielles Präparat oder eine Kombination verschiedener Präparate eingesetzt werden, und zwar nach einem 30 bis 50 %igen Wasserwechsel und/oder einer Filterung über Aktivkohle für 24 bis 48 Stunden. Die Behandlung mit antibakteriellen Mitteln sollte in einem gesonderten Becken erfolgen. Ist das nicht möglich, muß die Wasserqualität im normalen Aquarium regelmäßig kontrolliert werden.

Chloramphenicol

Dosierung: 1,0–2,0 g/100 l; 3 bis 5 Tage lang
Anwendung: Für die Behandlung von Flossenfäule, roten Hautflecken (und *Vibrio*), weißen Hautflecken und anderen bakteriellen Infektionen. Während der Behandlung kann man 50 % des Wassers austauschen, sofern gleichzeitig die nötige Menge Chloramphenicol ergänzt wird. Chloramphenicol kann mit Nifurpirinol kombiniert werden (siehe da).
Chloramphenicol büßt bei einem pH-Wert von 8,2 und darüber an Wirksamkeit ein. Das bedeutet, daß dieses Antibiotikum in den meisten Seewasseraquarien nicht viel ausrichten kann.

Erythromycin

Dosierung: 1,0 g/100 l; 3 Tage lang.
Anwendung: Für die Behandlung von Flossenfäule, Schuppensträube bei aufgetriebenem Bauch, vor allem bei *Corynebacterium*-Infektionen (der Nieren).

80

Isoniazid

Dosierung: 1,0 g/100 l; 3 bis 4 Tage lang oder bei Nachdosierung 30 bis 60 Tage.

Anwendung: Das Medikament wird von verschiedenen Autoren für die Behandlung der Meeresfisch-Tuberkulose *(Mycobacterium marinum)* empfohlen, obwohl es eher mäßige Resultate zeigt. Man sollte es daher nur anwenden, sofern kein anderes adäquates Mittel erhältlich ist.

Kanamycin

Dosierung: 2,0–4,0 g/100 l; 2 Tage lang.

Anwendung: In mehreren Büchern wird dieses Präparat zur Behandlung von Fischtuberkulose *(Mycobacterium)* empfohlen, obwohl die Ergebnisse noch nicht befriedigend genug sind, um bei tropischen Fischen Erfolg zu versprechen.

Linco-Spectin 100® (Lincomycin + Spectinomycin, Upjohn)

Dosierung: 0,5 g/100 l; 3 Tage lang.

Anwendung: Für die Behandlung von Flossenfäule, weißen Hautflecken und mehreren bakteriellen Infektionen. Dieses Antibiotikum empfiehlt sich allerdings nicht für das Heimaquarium, da es die Nitrifikationsbakterien und Algen vernichtet.

Neomycin(-sulfat)

Dosierung: 4 - 6 g/100 l; 3 Tage lang.

Anwendung: Für die Behandlung zahlreicher bakterieller Infektionen, hervorgerufen durch *Myxobacteria, Pseudomonas, Aeromonas* und viele andere Bakterien. Eines der besseren Antibiotika, die auch für unsere tropischen Meeresfische benutzt werden können. Es läßt sich auch gut in Kombination mit Sulfonamiden, Nifurpirinol oder Tetracyclin verwenden, *nie jedoch zusammen mit Kupfersulfat.*

Nifurpirinol

Dosierung: 20–30 mg/100 l; 3 bis 5 Tage lang.

Anwendung: Für die Behandlung vielfältiger bakterieller Infektionen, bei denen Furan-Medikamente verabreicht werden, obwohl Nifurpirinol nicht so wirksam ist wie in Süßwasseraquarien. Dieses Medikament kann auch in Form eines kurzen Bades gegeben werden, 5 bis 15 Minuten in einer Dosierung von 20 bis 30 mg/10 l. Nifurpirinol ist in Aquafuran® (Hersteller: Aquarium Münster) und in Furanace® (Hersteller: Aquarium Systems, VSA) enthalten.

Nitrofurazon

Ist in Deutschland nicht im Handel.

Penicillin

Dosierung: 1 000 000–3 000 000 I. E./100 l; 2 Tage lang.
Anwendung: Dieses Medikament kann man bei der Bekämpfung der Flossenfäule einsetzen. Kombiniert mit Streptomycin, dient es zur Behandlung mehrer bakterieller Infektionen in Verbindung mit roten oder weißen Hautflecken.

Rifampin

Dosierung: 50 mg/250 g Futter, 10 Tage oder länger.
Anwendung: Dieses Mittel wird von amerikanischen Aquarianern zur Behandlung der Meeresfisch-Tuberkulose *(Mycobacterium marinum)* empfohlen.

Streptomycin

Dosierung: 2,0–4,0 g/100 l; 2 bis 3 Tage lang.
Anwendung: Für die Behandlung von roten Hautentzündungen, Flossenfäule, Meeresfisch-Tuberkulose *(Mycobacterium marinum)* und anderen bakteriellen Infektionen.
Man beachte, daß das Wasser nach 1 bis 2 Tagen einen üblen (Zwiebel-)Geruch annehmen kann.
Streptomycin kann mit Penicillin kombiniert werden.

Sulfonamide, Sulfanilamid

Anwendung: siehe Sulfathiazol
Dosierung: 10–20 g/100 l; 3 Tage.

Sulfathiazol

Dosierung: 0,5–1,0 g/100 l; 3 Tage.
Anwendung: Zur Behandlung von roten Hautentzündungen, Augentrübungen und manchmal auch anderen bakteriellen Infektionen. Das Mittel läßt sich gut mit Neomycin kombinieren, darf jedoch *nicht mit Kupfersulfat kombiniert* werden.

82

Tetracyclin

Dosierung: 2–3 g/100 l; 2 bis 3 Tage lang.

Anwendung: Zur Behandlung von Schuppensträube und/oder aufgetriebenem Bauch, Schwimmblasenentzündung und manchmal auch anderen bakteriellen Infektionen.

Nach 1 bis 2 Tagen muß das Wasser aufgefrischt werden, wobei man die Nachdosierung nicht vergessen darf. Das heißt, man gibt Tetracyclin entsprechend der Menge des ausgetauschten Wassers hinzu. Wegen des hohen pH-Werts von Salzwasser ist Tetracyclin hier weniger wirksam. Es kann auch in Kombination mit Neomycin zur Bekämpfung verschiedener anderer bakterieller Infektionen eingesetzt werden.

Tetracyclin kann auch mit dem Futter verabreicht werden (Dosierung: 100–250 mg/100 g Futter über einen Zeitraum von 7 bis 14 Tagen) zur Behandlung der *Vibrio*-Infektion, Schuppensträube, Schwimmblasenentzündung etc.

3. Kombinationen antibakterieller Medikamente

Wenn man antibakterielle Medikamente miteinander kombiniert, werden die Chancen größer, die bakterielle Infektion ganz unter Kontrolle zu bekommen. Manche Medikamente können *synergetisch* (d. h. zusammen stärker) werken, so daß die Bakterien eine geringere Überlebenschance haben.

Antibiotika oder Chemotherapeutika dürfen aber nicht beliebig miteinander kombiniert werden! Manche Kombinationen können sogar toxisch wirken. Deshalb muß dringend geraten werden, nur die im folgenden aufgeführten oder von anderen Experten genannten Kombinationen zu verwenden.

Kombination 1

Chloramphenicol (1,0 g/100 l) + Nifurpirinol (20 bis 30 mg/100 l) über einen Zeitraum von 3 Tagen;

Kombination 2

Chloramphenicol (1,0 g/5 l) + Nifurpirinol (25 mg/100 l) über einen Zeitraum von 30 bis 60 Minuten;

Kombination 3

Neomycin (1,0 g/100 l) + Nifurpirinol (25 bis 30 mg/100 l) über einen Zeitraum von 3 Tagen;

Kombination 4

Neomycin (1,0 g/100 l) + Sulfanilamid (5,0 g/100 l) über einen Zeitraum von 3 Tagen;

Kombination 5

Neomycin (1,0 g/100 l) + Sulfathiazol (0,5 g/100 l) über einen Zeitraum von 3 Tagen;

Kombination 6

Neomycin (2,0 g/100 l) + Tetracyclin (2,0 g/100 l) über einen Zeitraum von 3 Tagen;

Kombination 7

Penicillin (1 000 000 I. E./100 l) + Streptomycin (1,0 g/100 l) über einen Zeitraum von 3 Tagen;

Kombination 8

Lincomycin + Spectinomycin = Linco-Spectin 100® (Upjohn) : 0,5 g/100 l über einen Zeitraum von 3 Tagen.

4. Weitere Medikamente

Chininhydrochlorid

Dosierung: 1,0–1,5 g/100 l
Anwendung: Dieses Mittel wird von manchen Autoren zur Behandlung einer *Cryptocaryon*-Infektion empfohlen, obwohl die Resultate nicht immer überzeugen. Es kann jedoch sehr wirksam sein bei der Behandlung von *Cryptocaryon*-Infektionen bei Katzenwelsen, Zwergkaiserfischen, Haien, Seerochen, Garibaldis und anderen Arten die sehr empfindlich auf eine Behandlung mit Kupfersulfat reagieren.
              Das Mittel wird von niederen Tieren und Nitrifikationsbakterien recht gut vertragen.

Formaldehyd 37 %

Dosierung: 1 Tropfen / 4 - 5 l oder 1 ml/100 l.

Anwendung: Gegen die meisten einzelligen Parasiten wie *Cryptocaryon, Oodinium, Brooklynella, Uronema* u. a. In Kombination mit Malachitgrün oder Kupfersulfat lassen sich jedoch bessere Resultate erzielen. Das Mittel ist toxisch für niedere Tiere (Invertebraten) und kann auch bei tropischen Fischen schon bei geringer Überdosierung Vergiftungen hervorrufen.

Kaliumjodid

Dosierung: Obwohl es toxisch wirken kann, ist dieses eines der wenigen Mittel, mit denen man die Bekämpfung der *Lymphocystis*-Infektion versuchen kann. Darüber hinaus kann man die befallenen Stellen mit einer Jodtinktur bepinseln.

Kupfersulfat (CuSO₄.5H₂O)

Stammlösung: 4,0 g/1 l destilliertes Wasser unter Beigabe von 0,25 g kristaliner Zitronensäure

Dosierung: 0,25–0,30 ppm; Anfangsdosierung: 25 ml/100 l (s. a. F. de Graaf, 1981).

Anwendung: Kupfersulfat wird vor allem zur Behandlung von *Oodinium* und *Cryptocaryon* eingesetzt. Kupfersulfat verbindet sich im Aquarienwasser mit Karbonaten aus dem Korallensand, den Korallen, Steinen o. ä. und ist vom pH-Wert, dem O_2-Gehalt, dem CO_2-Gehalt etc. abhängig. Deshalb ist bei eingerichteten Aquarien eine Nachdosierung erforderlich. Über einen Zeitraum von 7 bis 14 Tagen müssen täglich 20 ml/100 l zugesetzt werden. Wenn die Fische nervös oder unruhig werden, so tauscht man einen Teil des Wassers aus und verringert die Nachdosierung. Werden die Fische in ein gesondertes, nicht eingerichtetes Behandlungsbecken gesetzt, so muß man nur in den ersten 48 Stunden mit 12,5 ml/100 l nachdosieren und nach 96 Stunden mit 6 ml/100 l. Ohne *Kupfertestset* kann es schwierig sein, die Menge an Kupferionen im Wasser exakt zu dosieren. Wenn man den Kupfergehalt nicht feststellen kann, läuft man Gefahr, daß bei einer Unterdosierung die Behandlung nicht wirksam ist oder daß bei einer Überdosierung die Fische vergiftet werden. Für eine wirksame Behandlung braucht man 0,25–0,30 ppm Cu-Ionen. Die Behandlung muß sich über mindestens 14 Tage erstrecken, um alle *Oodinium*- oder *Cryptocaryon*-Parasiten während des

Schwärmerstadiums abzutöten. Andernfalls besteht die Gefahr, das die Krankheit sehr bald zurückkehrt.

Kupfersulfat kann mit Formaldehyd 37 % oder Methylenblau kombiniert werden, darf aber *nicht gleichzeitig* mit Neomycin und/oder Sulfonamiden verabreicht werden.

Niedere Tiere müssen während der Behandlung aus dem Aquarium herausgenommen werden. In einem neu eingerichteten Aquarium kann es vorkommen, daß ein Teil der Nitrifikationsbakterien vernichtet wird, wenn zum ersten Mal mit Kupfersulfat behandelt wird.

Levamisol

Dosierung: 250 mg/100g Futter über einen Zeitraum von 7 bis 10 Tagen

Anwendung: Zur Bekämpfung von *Nematoden* (Fadenwürmer) sowie *Acanthocephala* (Kratzer)

Malachitgrün (zinkfreies Oxalat)

Stammlösung: 5,0 g/1 l destilliertes Wasser

Anfangsdosierung: 1 ml oder 20 bis 25 Tropfen/100 l.

Anwendung: Malachitgrün wird in erster Linie zur Bekämpfung von *Cryptocaryon, Brooklynella, Uronema, Trichodina* etc. eingesetzt.

Eine Nachdosierung ist meist erforderlich: 2. Tag: 1 ml/100 l; 3. Tag: 0,5 ml/100 l; 4. Tag: 0,25 ml/100 l.

Die Behandlung muß über mindestens 10 bis 14 Tage fortgesetzt werden, um alle freischwärmenden (juvenilen) Parasiten abzutöten.

Malachitgrün kann gefahrlos mit Formaldehyd 37 % kombiniert werden. Niedere Tiere vertragen Malachitgrün an sich gut und brauchen daher nicht entfernt zu werden.

Methylenblau

Dosierung: 250–400 mg/100 l über einen Zeitraum von 3 Tagen in einem Behandlungsbecken.

Anwendung: Methylenblau wird zur Bekämpfung parasitärer Infektionen wie *Cryptocaryon, Brooklynella, Uronema* u. ä. eingesetzt, wirkt aber manchmal besser in Kombination mit Kupfersulfat oder Malachitgrün.

Im Heimaquarium kann es jedoch wegen seiner schädlichen Wirkung auf die Nitrifikationsbakterien nicht verwendet werden.

In manchen Fällen setzt man Methylenblau auch zur Behandlung bakterieller Infektionen ein.

Neben der Behandlung mit Malachitgrün oder Kupfersulfat – bei schweren parasitären Infektionen – ist es vor allem wirksam in Form eines 20- bis 30minütigen Bades in einer Dosierung von 100–200 mg/5 l.

Metronidazol (Flagyl®)

Dosierung: 600–800 mg/100 l über einen Zeitraum von 3 Tagen.

Anwendung: Zur Behandlung von Meeresfischen mit einer *Hexamita/Spironucleus*-Infektion.
Metronidazol hat zum Glück keine negativen Auswirkungen auf Nitrifikationsbakterien oder niedere Tiere. Es kann auch zusammen mit dem Futter verabreicht werden: 500 mg/100 g Futter über einen Zeitraum von 5 bis 7 Tagen.

Niclosamid (Mansonil®)

Dosierung: 500 mg/100 g Futter über einen Zeitraum von 7 bis 10 Tagen.

Anwendung: Zur Bekämpfung innerer Wurminfektionen, verursacht durch *Nematoden* (Fadenwürmer), *Cestodes* oder *Acanthocephala*.

Phenoxyäthanol

Dosierung: 1%ige Stammlösung, davon 50 ml/4 l zur Bekämpfung von *Saprolegnia sp.* (äußere Pilzinfektionen).

Anwendung: Das Mittel kann auch zur Bekämpfung von *Ichthyosporidium* (innere Pilzinfektion) eingesetzt werden, wenn man das Futter mit 1%iger Stammlösung tränkt (s. a. van Duijn).

Piperazin

Dosierung: 250 mg/100 g Futter über einen Zeitraum von 7 bis 10 Tagen.

Anwendung: Zur Bekämpfung von inneren digenen *Trematoden (Metacercarien)*, *Nematoden* (Fadenwürmer) und manchmal auch *Acanthocaphala* (Kratzer).

Praziquantel (Droncit®)

Dosierung: 250 mg/ 100 g Futter über einen Zeitraum von 7 bis 10 Tagen.

Anwendung: Dieses Mittel wird bei Infektionen durch innere digene *Trematoden* (Metacercarien) angewendet.

Quecksilberchrom

Dosierung: 2- bis 4%ige Stammlösung

Anwendung: Zur Behandlung von Hautwunden nach Verletzungen oder nach dem Abschaben von Riesenzellen bei einer *Lymphocystis*-Infektion.

Quinacrin (Atabrin®, Mepacrin®)

Dosierung: 100–250 mg/100 l 10 Tage lang. Die Dosis muß über mehrere Tage verteilt verabreicht werden.

Anwendung: Dieses Medikament kann bei der Bekämpfung von *Cryptocaryon, Brooklynella, Uronema* o. ä. helfen, obwohl es auch toxisch wirken kann. Nach der Behandlung sind Wasser, Sand, Korallen, u. ä. gelb gefärbt. Auf niedere Tiere wirkt es toxisch.

Süßwasserkur

Dosierung: Ein 5- bis 10minütiges Bad, einmal am Tag, über einen Zeitraum von 2 bis 5 Tagen. Sobald der Fisch ein beunruhigendes Verhalten zeigt, muß man ihn aus dem Bad herausnehmen.

Anwendung: Zur Bekämpfung äußerer einzelliger Parasiten wie *Cryptocaryon, Oodinium, Brooklynella, Uronema* u. ä. sowie Kiemen- und Hautwürmern, *Turbellaria* und parasitischen *Crustaceae* (Fischlaus und *Lernaeasus sp.*.

PH-Wert und Temperatur des Süßwassers sollten die gleichen sein wie bei dem Seewasser, in dem der Fisch sonst lebt. Der pH-Wert läßt sich durch Zugabe von Natriumbikarbonat anheben (1 Teelöffel/10 l). Das Wasser darf auch kein Chlor enthalten. Das erreicht man, indem man es 24 bis 36 Stunden bei Durchlüftung stehenläßt oder Natriumthiosulfat zufügt (1 g/10 l). Der Meeresfisch kann in Süßwasser zunächst einen Schock bekommen, doch wenn man ihn kurz berührt, wird er normalerweise wieder umherschwimmen. Befindet er sich allerdings nach einigen Sekunden immer noch im Schock, so setzt man ihn besser wieder in Seewasser zurück. Entweder war das Süßwasser nicht optimal abgestimmt, oder der Fisch war zu schwach und empfindlich für diese drastische Behandlung. Meeresfischen mit einer offenen (und dann meist blutigen) Wunde verabreicht man besser kein Süßwasserbad. Durch Osmose wird nämlich Körperflüssigkeit und Blut aus dem Fisch gesaugt, wodurch sich die Situation verschlimmern kann. Andererseits bewirkt gerade dieser osmotische Druck, daß die

Parasiten auf Haut und/oder Kiemen des Fisches zerplatzen und durch die zusätzliche Wasseraufnahme getötet werden.

Durch diese Methode wird der Meeresfisch von bestimmten Parasiten sozusagen gesäubert. Es ist eine praktische Reinigungsmethode bei neu erworbenen Fischen, mit der man vermeidet, daß sie bestimmte Parasiten ins Aquarium mitbringen.

Sollen unsere tropischen Fische mit einem Süßwasserbad von Parasiten befreit werden, so muß gleichzeitig das Aquarium weiterbehandelt werden, damit die noch freischwärmenden Parasiten den Fisch nicht wieder infizieren.

Trichlorfon (Masoten®, Neguvon®, Dylox®)

Dosierung: 100 mg/100 l 2 bis 3 Tage lang.

Anwendung: Zur Bekämpfung von Kiemen- und Hautwürmern, bei *Turbellaria*-Infektion und parasitären *Crustaceae* (Fischlaus und Lernaeascus sp.)

Dieses Medikament kann für manche Fische (z. B. Haie, Katzenwelse, u. ä.) toxisch sein; Invertebraten (niedere Tiere) müssen auf jeden Fall vorher entfernt werden. Während der Behandlung müssen die Fische genau beobachtet werden; bei den ersten beunruhigenden Anzeichen muß das Wasser ausgetauscht und ein Aktivkohlefilter installiert werden.

Trypaflavin (Acriflavin®)

Dosierung: 1,0 g/100 l über einen Zeitraum von 3 bis 5 Tagen.

Anwendung: Zur Bekämpfung von *Oodinium* oder *Cryptocaryon*.

Das Mittel verfärbt Wasser und Dekoration.

Kupfersulfat und Formaldehyd + Malachitgrün sind bei diesen Krankheiten allerdings wirksamer.

5. Weitere Medikamentenkombinationen

Nicht nur für die antibakteriellen Medikamente gilt, daß Kombinationen oft wirksamer sind, als einzeln eingesetzte Mittel. Deshalb seien hier auch für die zuletzt genannten Medikamente Kombinationen aufgezeigt.

Kombination 9

Formaldehyd 37 % (1 ml/100 l) + Kupfersulfat (Stammlösung 4,0 g/1 l H$_2$O dest. + 0,25 g Zitronensäure; davon 25 mg/100 l)

Kombination 10

Formaldehyd 37 % (1 ml/100 l) + Malachitgrün (Stammlösung 5,0 g/1 l H$_2$O dest.; davon 1 ml/100 l).

Kombination 11

Formaldehyd 37 % (1 ml/100 l) + Kupfersulfat (siehe oben) + Malachitgrün (siehe oben)

Kombination 12

Methylenblau (250–400 mg/100 l) + Malachitgrün (siehe oben)
Die Kombination mit Methylenblau darf allerdings im Heimaquarium nicht angewandt werden.
Notfalls muß mit Kupfersulfat und/oder Malachitgrün nachdosiert werden.

Ganz allgemein gilt bei der Behandlung von Krankheiten, wenn nicht nur Bakterien, sondern gleichzeitig auch Parasiten bekämpft werden müssen, daß ein *antibakterielles Medikament mit einem antiparasitären Medikament kombiniert werden muß.* Durch die Kombination mehrerer Mittel kann die Toxizität jedoch zunehmen. Außerdem ist unbedingt zu beachten, daß *Kupfersulfat nicht mit Neomycin und/oder Sulfonamiden* kombiniert werden darf.
In manchen Extremfällen muß das Aquarium vollständig desinfiziert oder sterilisiert werden. Geht man dabei gründlich vor, so bedeutet das, daß auch das biologische Filtersystem vernichtet werden muß, um alle potentiellen Krankheitserreger abzutöten.
Erkranken unsere tropischen Meeresfische immer wieder an derselben Krankheit ohne richtige Heilung, sterben unsere Aquarienbewohner immer wieder ab oder haben wir es immer wieder mit unerklärlichen Sterbefällen zu tun, so bleibt als letzte Lösung oft nur die Sterilisierung. Danach können wir, sofern wir dann noch genug Mut haben, damit beginnen, das Aquarium wieder ganz von vorne einzurichten.
Die noch lebenden Tiere sollte man in ein Quarantändebecken setzen, während Sand, Korallen, Steine, Filter, Netze, Saugheber u. ä. im Aquarium bleiben. Dieses wird dann bis zum Rand mit Leitungswasser gefüllt. dem man 35 ml Bleichwasser auf 10 l Aquariumwasser zufügt. Den Filter läß man dann 24 Stunden lang laufen; danach gibt man Natriumthiosulfat (3,5 g/10 l) ins Wasser, um den Chlorgehalt zu neutralisieren. Man kann das Wasser noch einige Stunden zirkulieren lassen, bevor man es abpumpt und wegschüttet. Dann

wird das Aquarium samt Sand, Korallen, Filter etc. mit normalem Leitungswasser ausgewaschen. Man gibt wieder alles ins Aquarium, füllt dieses mit Leitungswasser, schließt den Filter wieder an und läßt ihn 24 Stunden laufen. Nun wird auch dieses Wasser weggeschüttet und das Aquarium mit frischem Seewasser gefüllt, das wieder den ganzen Stickstoffkreislauf durchlaufen muß wie ein neues Aquarium. Nach dieser Einlaufphase kann das Aquarium dann wieder mit neuen Fischen besetzt werden, in der Hoffnung, daß es diesmal gut geht.

Dabei sollten wir die nötige Selbstkritik walten lassen und uns fragen, was wir beim vorigen Mal falsch gemacht haben könnten. Denn Fehler sollen uns helfen, ein besserer Aquarianer zu werden. Übung macht den Meister, und leider geht das nicht immer ohne Unfälle ab...

Literatur

Die hier aufgeführten Bücher sind in zwei Kategorien eingeteilt:
Kategorie 1 umfaßt die Bücher, die dem Hobbyaquarianer praktisches Wissen über Fischkrankheiten und verwandte Probleme vermitteln, während
Kategorie 2 aus Werken besteht, die für den reinen Liebhaber tropischer Meeresfische zu wissenschaftlich oder zu detailliert sind. Es sind Bücher, die mir selbst bei meiner Einführung in die Seewasseraquaristik geholfen haben.

Kategorie 1:

BAENSCH, H. (1983): Neue Meerwasserpraxis, Tetra Verlag, Melle

BASSLEER, G. (1983: Wegwijs in visziekten Thieme, Zutphen, Niederlande; in einer deutschen Übersetzung liegt das Buch im Natur Verlag, Augsburg (1990) unter dem Titel „Bildatlas der Fischkrankheiten" vor.

DE GRAAF, F. (1981): Handboek voor het tropisch zeewateraquarium, Strengholt, Bussum, Niederlande; eine deutsche Übersetzung des Buches besorgte der Neumann-Neudamm Verlag Melsungen (1969) unter dem Titel „Das tropische Meerwasseraquarium"

DUIJN, M. (1976): Diseases of Marine Aquarium Fishes, T.F.H.-Publ., N.J., USA

HERWIG, N. (1979): Handbook of Drugs and Chemicals used in the treatment of fish diseases, Publ. C. Thomas, Springfield, Ill., USA

KINGSFORD, E. (1975): Treatment of Exotic Marine Fish Diseases, Palmetto Publ., Fl., USA

KINGSFORD, E. (1979): Marine Aquarium Compatability Guide, Palmetto Publ., Fl., USA

KLOCEK, R. (1975: The Marine Primer, Marine Hobbyist News Publ., Ill., USA

MOE, M. (1982): The Marine Aquarium Handbook – Beginner to Breeder, The Norns Publ., Fl., USA

QUICK, J. (1977): Marine Disease Primer: Book one, a Guide to Disease Prevention in Aquarium Fishes and Invertebrates, Marine Hobbyist News Publ., Ill., USA

SPOTTE, S. (1973): Marine Aquarium Keeping: The Science, Animals and Art, J. Wiley-Interscience, N.Y., USA
VALENTI, R. (1974): The Saltwater Aquarium Manual (3° Ed.), Aquarium Stock Co., N.Y., USA

Kategorie 2:

AMLACHER, E. (1981): Taschenbuch der Fischkrankheiten, G. Fischer Verl., Stuttgart

BULLOCK, G., CONROY, D. u. SNIESZKO, S. (1971): Bacterial Diseases of Fishes, T.F.H.-Publ., N.J., USA

REICHENBACH-KLINKE, H. u. ELKAN, E. (1965): The principal diseases of lower vertebrates Book 1: Diseases of Fishes, T.F.H.-Publ., N.J., USA

REICHENBACH-KLINKE, H. (1970): Fish Pathology, F.F.H.-Publ., N.J., USA

SINDERMANN, C. (1970): Principal Diseases of Marine Fish and Shellfish, Academic Press, N.Y., USA

SINDERMANN, C. (1971): Disease Diagnosis and Control in North American Marine Aquaculture, Elsevier Scientific Publ., N.Y., USA

SPOTTE, S. (1970): Fish and Invertebrate Culture: Water Management in Closed Systems, J. Wiley-Interscience, N.Y., USA

SPOTTE, S. (1979): Seawater Aquariums, the Captive Environment, J. Wiley-Interscience, N.Y., USA

Bildquellen

Sämtliche Photos in diesem Buch stammen vom Autor.
Die Zeichnungen erstellte Almke Sickert nach Vorlagen des Autors.

Register

Die kursiven Zahlen verweisen auf Abbildungsnummern. Die Seitenverweise sind gerade gestellt.